퍼포먼스
감정 코칭

퍼포먼스 감정코칭

심리적 방해물을 줄이고
최고의 성과를 내는 인지행동 훈련법

윤닥(윤동욱) 지음

PERFORMANCE COACHING

YD BOOKS
YD PERFORMANCE

프롤로그

눈에 보이지 않는 감정, 그것을 다루는 퍼포먼스 감정 코칭 이야기

사람들은 내가 감정을 코칭하는 방법이 따로 있다고 하면 지금은 그런 걸 배울 여유가 없다고, 다음에 시간 나면 듣겠다고 말한다. 또 어떤 이들은 '감정을 코칭한다'는 말이 도무지 추상적이어서 실생활에 무슨 도움이 되겠냐며 의문을 품기도 한다. 하지만 이들은 대부분 학교나 회사 등 자신이 속한 사회에서 뭔가를 잘하고 싶어서 나를 찾는 사람들이다. 감정을 잘 조절하는 것만큼 중요한 비결이 없는데도 내가 더 막강하고 빠른 치료법 혹은 처방을 내려주길 기대한다.

나 또한 남들보다 더 잘하고 싶은 마음이 큰, 의욕 많은 유년 시절을 보냈다. 하지만 중고등학교, 대학, 전문의 시절 등을 거치며 나를 좌절하게 하는 수많은 대상을 만났다. 눈으로 한번 스윽 보고도 나보다 좋은 성적을 얻는 천재 같은 친구들, 교수님과 수많은 청중 앞에서 유창하게 발표를 끝마치는 의대 동기들… '왜 나는 그들처럼 하지 못할까?'를 고민하다 보면 나는 점점 더 작아졌다. 운 좋게 정신의학을 공부하고 인지행동 치료를 연구하면서 이제는 '잘하는' 방법을 조금 알 것 같다.

사람들이 뭔가를 잘하고 싶어 하는 마음은 '최고의 퍼포먼스'를 끌어내고 싶다는 말과 다르지 않다. 그런데 사람들은 일상에서 성과, 즉 '퍼포먼스'라는 단어를 접하면 스포츠 경기나 무대에서 실력을 발휘하는 정도 개념으로 축소해 이해한다. 나는 먼저 퍼포먼스의 개념을 다시 정의하고 싶다. 퍼포먼스는 특정 분야 전문가만이 고민해야 할 문제가 아니라 일상과 맞닿아 있는 포괄적인 개념이다. 발표, 학업, 업무, 인간관계 등 일상다반사에 문제가 생겼을 때 '이게 왜 이렇게 생각처럼 안 풀리지?'라는 생각이 든다면 그때는 주저없이 퍼포먼스를 떠올려야 한다.

반대로 말하면 퍼포먼스는 누구든 시간과 노력을 들이면 자기 안에 존재하는 잠재력으로 이 부분을 최대치로 끌어낼 수 있다. 타고난 자질이나 기술도 물론 중요하지만, 퍼포먼스를 발휘할 때 가장 중요한 부분은 바로 '감정'이다. 제아무리 뛰어난 재능을 가졌어도 불안·긴장감 같은 감정 상태에 자주 휘둘린다면 그는 실력을 제대로 펼칠 수 없다. 감정을 잘 관리하는 사람들은 스트레스마저 기회로 사용해 최상의 결과를 낸다. 결국 감정을 어떻게 다루느냐가 우리의 퍼포먼스를 결정짓는 중요한 열쇠인 셈이다.

우리 집에는 어린 시절의 나를 꼭 닮은 두 아들이 있다. 요즘 첫째는 저녁마다 숙제와 전쟁이다. 애들이 다 그렇겠지만, 우리집 아이들도 학교에 다녀오면 숙제보다 노는 게 우선이다. 나도 그랬으니 그 마음은 충분히 이해가 되지만, 뒤로 올 상황도 예상이 가기는 마찬가지다. 잠이 오기 시작하면 짜증이 몰려오면서 한바탕 난리가 시작된다. 내일까지인 숙제는 그대로인데 잠은 오고, 숙제는 하기 싫고 짜증은 나고… 이미 짜증이 한껏 올라온 상태에서는 숙제할 때 평소보다 시간이 더 들고 집중력도 낮아진다. 그 시간은 공부가 될 리 만무하고 결국 숙제는 대충 끝내거나 다 마치지 못한 채 잠이 든다. 중고등학교에 입학하고 사회로 나아가면 이 미묘한 감정 변화가 더 많은 어려움을 가져올 텐데 벌써부터 걱정이다.

내 아이들이 자라면서 자연스럽게 겪게 될 감정의 폭풍, 하지만 감정을 조절하는 방법을 조금씩 몸에 익혀 균형 잡힌 상태로 자라난다면 상황은 많이 달라질 것이다. 그런 마음으로 이 책을 썼다. 잘하는 사람들은 도대체 어떤 감정 습관을 지니고 있는지, 폭풍 같은 감정을 겪고 있다면 어떻게 조절하고 대처해야 하는지, 그래서 결국 퍼포먼스 감정 코칭이란 무엇인지 등을 자세히 설명하려 애썼다. 이 내용들은 자라나는 내 아이들뿐만 아니라 이 책을 읽는 독자들에게도 분명 유의미할 것이라 믿고 있다.

감정이란 눈에 보이지 않는 강력한 무기이다. 어떻게 관리하느냐가 성과를 극명하게 가른다. 그렇기에 감정은 곧 성과의 시작점이라는 얘기를 하고 싶다. 확신 없이 열심히만 일하다 번아웃이 온 사람, 중요한 평가 자리에서 긴장하느라 중요한 프레젠테이션을 망친 사람, 사람들과 관계가 제일 어려운 사람, 어느 쪽이 나은 선택인지 몰라서 마냥 괴로운 사람… 이 책이 그런 이들에게 꼭 필요한 해답이 되었으면 좋겠다.

정신과 전문의 윤닥(윤동욱)

추천의 글

스스로 감정을 관리하고
최고의 성과를 내고 싶다면

"스트레스 받지 말고 푹 쉬세요." 병원에 가면 흔히 듣는 말입니다. 그런데 그게 가능한 현대인이 과연 몇 명이나 될까요? 이 피치 못 할 스트레스의 파도를 유연히 넘기는 서퍼가 될 수 있다면? 《퍼포먼스 감정 코칭》은 그게 가능하다고, 함께 연습해 보자고 우리에게 손을 내미는 반가운 책입니다. '퍼포먼스'라 하면 저는 보통 아이돌의 화려한 무대 같은 것을 떠올립니다. 하지만 이 책에서는 매일 가는 회사에서 동료들과 잘 지내고 싶은 마음, 내가 맡은 일을 잘 해내고 싶은 마음 등이 모두 빛나는 퍼포먼스라고 말합니다. 평범한 일상에서 최고의 퍼포먼스를 내는 비결은 멀리 있지 않습니다. 책 페이지를 한 장 한 장 넘기다 보면 여러분도 분명 당신의 퍼포먼스를 응원하는 든든한 지원군을 만나게 될 겁니다.

_ **김지하** (MBC 드라마본부 프로듀서, 작품: 〈연인〉 〈수사반장 1958〉 〈검은 태양〉 등)

영어로 감정을 의미하는 단어 'emotion'의 어원은 라틴어로 '움직이다'를 뜻하는 'movere'입니다. 사람은 감정의 영향으로 움직이는 일이 많은데, 그래서 감정의 어원도 '움직이다'에서 온 게 아닐까 싶습니다. 그렇다면 우리가 감정을 이해하고 잘 다루면 일상생활에서도 큰 잠재력을 발휘할 수 있지 않을까요? 그 힘이 곧 최선의 움직임인 '퍼포먼스'로 이어질지도 모릅니다. 스스로 감정을 관리하고 최고의 퍼포먼스를 내는 해답이 이 책에 담겨 있습니다. 책을 읽으면 수많은 환자를 진료하고 오랜 기간 퍼포먼스를 연구해 온 저자의 목소리를 들을 수 있습니다. 위로하고 응원해 주는 그 느낌 덕분에 포기하지 않고 끝까지 나의 내면을 탐구해 보고 싶어집니다.

_ **오진승** (유튜브 닥터프렌즈 운영자, DF정신건강의학과의원 원장)

《퍼포먼스 감정 코칭》을 읽고 감정과 이성의 균형이 더 나은 퍼포먼스를 내는 원동력이라는 사실을 다시 알 수 있었습니다. 회사에서 성과를 내고자 하는 직장인, 최고의 퍼포먼스를 보여야 하는 전문직 리더들이 이 책을 통해 자신의 잠재력을 발견하길 기대합니다.

_ **이재걸** (기업 쿠팡 부사장)

차례

프롤로그 눈에 보이지 않는 감정,
그것을 다루는 퍼포먼스 감정 코칭 이야기 — 4
추천의 글 스스로 감정을 관리하고
최고의 성과를 내고 싶다면 — 8

1부 성공하는 사람들의 생각 습관

다시 생각하기 더 완벽하고 완전해진다는 것 — 15
스트레스를 없애려 하지 마라 — 18
트라우마를 다르게 보는 연습 — 28
과정에 집중하는 사람들 — 38
현명하게 견디는 법을 익혀라 — 50
감정을 실어 판단하라 — 60
마음 편한 혼자보다 팀과 함께 치열하게 — 71
빠르게 시작하고 천천히 걸어가라 — 82

2부 퍼포먼스를 높이는 감정 구조

다시 생각하기 냉철한 이성과 따뜻한 감정의 힘 — 97
나를 힘들게 하는 감정을 파악하라 — 99
부정적인 감정에 반응하는 몸과 머리 — 108

불편한 정서는 어떻게 흘려보내야 할까? — 118

예민함이 무기가 될 수 있다 — 127

일시적인 성과에 중독되지 마라 — 135

실수를 만났을 때 크게 기뻐하라 — 143

3부 지금 필요한 것, 퍼포먼스 감정 코칭

다시 생각하기 감정만 조절해도 퍼포먼스가 달라진다 — 157

정신의학 시각으로 보는 퍼포먼스 코칭 — 160

퍼포먼스 = 잠재력 - 방해 요소 — 169

감정을 조절하는 가장 확실한 방법 — 177

인공지능이 퍼포먼스 코칭을 해준다면 — 187

부록: 디지털 퍼포먼스 코칭 프로그램 연구 및 사례 보고

인지행동 치료 연구와 실전의 만남 — 197

- **사례 1** 관계의 기술 — 204
- **사례 2** 스트레스와 압박감에서 해방되다 — 214
- **사례 3** 진정한 휴식을 얻다 — 224

퍼포먼스 감정 코칭 프로그램 후기 — 233

1부 성공하는 사람들의 생각 습관

"나는 과거에 죄책감을 느끼고 미래에 두려움을 느낀다.
하지만 내가 행동을 취할 수 있는 건 현재뿐이다."
— 심리학자, 에이브러햄 매슬로

다시 생각하기

더 완벽하고
완전해진다는 것

 누구나 상위 0.1퍼센트를 꿈꿉니다. 그래서인지 돈과 성공은 늘 사람들의 관심사이고, 그것을 얻을 비법을 궁금해합니다. 한동안 성공에 대한 강의가 인기였고, 서점에도 돈과 성공을 이야기하는 책은 주목받곤 했습니다. 그렇다면 어떻게 해야 성공하는 걸까요? 인간이 더 완벽해지고 완전해지는 게 정말 가능한 일일까요? 혹시 이런 사람들에게 특별한 심리적 특성이 있을까요?

 저도 처음에는 완벽에 가까워지려 노력하고 열심히 할수록 스스로 더 완벽해지리라 생각했습니다. 하지만 현실은 그렇지 않았어요. 2022년 연세대학교 상담심리연구실에서 대한민국 성인(20~60세) 511명을 대상으로 진행한 설문조사 결과에 따르면, 응답자 중 53.62퍼센트가 스스로 완벽주의 성향을 띤다고 답했습니다. 그런데 슬프게도 이런 완벽주의 성향이 일의 결과나 성과를 반드시 드높이는 건 아니었습니다.

회사나 조직에서 뛰어난 성과를 내는 사람을 하이퍼포머 High Performer 또는 '고성과자'라고 부릅니다. 이들은 대체로 건강한 완벽주의자이며, 때로는 낙관적이고 낙천적인 성향을 보이기도 합니다. 그렇기에 강박이나 스트레스, 번아웃 등 심리적으로 위축될 만한 상황을 적절히 피할 수 있는 것입니다. 물론 완벽을 추구하는 사람들은 어떤 일을 실행할 때 동기부여가 확실하고 누구보다 성실하다는 장점이 있습니다. 그러나 감정의 균열이 시작되면 그 순간부터 상황은 예측하지 못한 방향으로 흘러갑니다. 불안에 잠식되어 제대로 달릴 수 없는 상태에 빠집니다.

누구나 되고 싶었던 자기 모습이 있을 겁니다. 쉽게 휘둘리지 않고 어려운 상황에서도 노련하게 대처하는 나, 과업이 주어졌을 때 별다른 문제 없이 순조롭게 진행하는 나, 충동적으로 행동하지 않고 늘 사려 깊은 나… 이런 모습은 어쩐지 이상적으로 느껴집니다. 그런데 재미있게도 이와 유사한 패턴을 보이는 사람이 아예 없다고 단언할 수는 없습니다. 이들은 항상 현실적인 목표를 세우고 그 기대를 이루고자 집중합니다. 조직의 분위기나 타인의 감정을 자신만큼이나 소중히 생각하기에, 함께 일하는 사람들도 여유를 얻게 됩니다.

우리는 완벽을 추구하면 업무를 성공적으로 수행할 수 있으리라 생각하지만, 현실에서는 오히려 신경을 곤두세우지 않고 묵묵히 할 일을 하는 사람들이 우수한 결과를 냈습니다. 여기서 우리가 주목해야 할 부분은 무엇일까요? 더 완벽하고 완전해져야 한다는 생각을 주입하기보다 '감정에 휘둘리지 않으려면 어떻게 해야 할까?'라는 질문을 던져보는 것입니다. 이 질문에 답을 찾는 과정은 제가 오랜 시간 궁금해했던 '최고의 성과를 내는 심리적 방법'과 많은 부분이 겹칩니다. 이 방법은 미래를 살아갈 나와 내 두 아들에게도 꼭 필요한 내용이라 생각합니다.

1부에서는 그동안 우리가 '되고 싶었던 나'에 가까워지지 못했던 이유를 짚어보려 합니다. 알지 못했던 부분을 깨닫는 것만으로도 우리는 변할 수 있습니다. 많은 이들에게 이 방법이 도움이 되길 바라며, 끝까지 책을 함께 읽어 주세요.

스트레스를
없애려 하지 마라

　성공으로 가는 길에서 우리가 가장 먼저 만나는 건 '스트레스'다. 그것이 외부의 상황 때문이든, 내면의 갈등 혹은 주변의 관계 문제이든 늘 우리 한발 옆에 존재하고 있다. 왠지 사람들은 스트레스만 없으면 또는 스트레스를 받지 않으면 쉽게 성공할 수 있으리라 생각한다. 정신과 의사인 나도 '스트레스를 받지 않는 방법이 있느냐?'는 질문을 꽤 많이 받는다.
　돌이켜보면 나도 학창 시절 스트레스에서 그다지 자유롭지 못했다. 시험으로 압박감에 휘둘렸던 적도, 또래 친구 간 관계에 너무 신경을 쓰느라 힘들었던 적도 많다. 소위 말하는 친구들 사이에서 인기도 많고, 공부도 잘하는 그런 아이가 되고 싶어 마음이 불편할 정도로 애쓰며 살았다. 공부를 잘하려면 스트레스 관리를 잘해야 한다고, 선생님과 부모님께 종종 들어왔지만 사실 어떻게 해야 하는지는 몰랐다. 그때의 내가 스트레스를 정확히 알고 대처할 줄 알았더라면 좀 더 이상적인 모습으로 그 시간을 보낼 수 있었을지도 모른다.

그때의 나에게 조언한다는 마음으로 먼저 스트레스에 대해 자세히 설명해 보려 한다. 다들 잘 알고 있듯이 스트레스를 잘 관리하는 일은 정신뿐 아니라 신체 건강을 위해서도 중요한 부분이다.

우리 몸은 스트레스에 지대한 영향을 받는다. 그렇기에 사람들은 스트레스를 감지할 때 당황하거나 불안해한다. 하지만 스트레스로 인한 신체 반응은 극히 자연스러운 일이다. 우리 몸은 스트레스에 직면하면 본능적으로 자신을 보호하려는 방향으로 반응하기 때문이다. 미국의 생리학자 월터 캐넌 Walter Cannon도 스트레스는 외부 요인에 반응하는 자연스러운 현상이라고 설명했다. 스트레스에 따른 신체 반응은 우리를 위협에서 보호하고 생존을 돕는 본능적인 메커니즘이다. 스트레스 반응에 대해 더 자세히 살펴보자.

한스 셀리에 Hans Selye의 일반 적응 증후군(General Adaptation Syndrome, GAS) 이론에 따르면 스트레스 반응은 세 단계로 나뉜다. 1단계는 경고기 Alarm Stage이다. 이 단계는 스트레스 요인에 대한 초기 반응이 나타나는 시기로, 신체가 급격한 변화를 겪게 된다. 스트레스로 인한 반응으로 신경계와 호르몬계가 활성화되어 투쟁 또는 도피fight or flight 반응이 촉발된다. 부신에서 아드레날린과 코르티솔 같은 스트레스 호르몬이 분비되며, 심박수와 혈압이 상승하고 에너지 수준이 급격히 증가한다. 갑작스러운 충격으로 불안, 두려움 같은 심리적 증상이 나타날 수 있다. 섬세한 사람일수록 이 반응을 더 빠르게 느낀다.

2단계는 저항기Resistance Stage. 스트레스 요인이 지속되면 신체는 이 변화에 적응하려고 노력하는데, 저항기에서는 신경계 및 호르몬계의 변화가 지속적으로 일어나며, 신체는 스트레스에 대항할 에너지를 동원한다. 이 단계에서 몸은 긴장 상태의 균형을 유지하려 한다. 스트레스 호르몬의 분비가 일정 수준으로 유지되며, 신체는 긴장 상태가 계속된다. 스트레스는 계속 받지만 억누르며 참는 단계다.

2단계에서 스트레스가 지속되면 신체 자원이 고갈되고 적응력이 상실되는 3단계 소진기Exhaustion Stage에 도달한다. 신체가 더 이상 스트레스에 적절히 대응할 수 없게 되어 다양한 건강 문제가 발생하는 단계이기도 하다. 만성피로, 우울증, 불안 장애 등 정신적 문제들이 발생할 수 있으며 고혈압, 심장 질환, 소화기 문제, 면역력 저하 등 다양한 신체적 증상도 생겨난다. 스트레스 호르몬의 지속적인 분비로 염증 반응이 증가하고 세포 재생이 저하되며, 노화가 촉진될 수 있다. 정신건강 문제가 발생한 이후이므로 3단계에 이르기 전 1, 2단계일 때 스트레스를 조기 관리하는 편이 좋다.

한스 셀리에는 이런 스트레스 반응이 단순히 부정적인 것만은 아니라고 강조했다. 스트레스는 적절한 수준에서 신체와 마음의 성장을 촉진하고, 생존을 돕는 필수적인 반응이기 때문이다. 그러나 과도하거나 만성적인 스트레스는 신체와 정신건강에 심각한 해를 끼칠 수 있기에 스트레스 관리의 중요성이 강조된다.

이처럼 '주변 변화에 따른 신체적 반응'을 스트레스 반응이라 정의한다면 우리 몸은 1단계, 2단계에서 격렬히 저항하며 스트레스에 적응하려 노력한다. 이때 체내 포도당과 코르티솔 수치가 높아지면서 오히려 주의력, 집중력이 향상되기도 한다. 즉 적절한 스트레스는 성장에 도움이 된다는 얘기다. 생애주기를 겪으며 우리는 때마다 사회적으로 다양한 업무, 역할을 부여받는데, 이를 잘 수행하려면 결국 스트레스와 압박감을 거치며 적응하는 수밖에 달리 방법이 없다. 그러니 일을 잘하고 싶다면 절대로 스트레스를 적으로 대하지 말아야 한다.

"여유만 있으면 잘하는 편인데, 압박감이 느껴지거나 스트레스를 받으면 제대로 된 실력이 안 나와요." 이렇게 생각하는 사람들이 적지 않으리라 본다. 공부를 잘하는 학생이나, 일을 잘하는 직장인들은 스트레스를 받지 않을까? 절대 그렇지 않다. 어느 강의에서 만난 학업 성적이 좋은 학생에게 '학업 스트레스를 안 받는 방법'이 있는지를 물어본 적이 있다. 아이는 당황하며 그런 방법이 어디 있느냐며 되물었다. 성적이 좋은 친구들은 사실 스트레스를 어떻게 푸느냐보다 어떻게 하면 빨리 회복할 수 있는지에 더 초점을 맞춘다. 스트레스를 받지 않는다는 건 어떤 일을 '견딜 수 있는 정도'로만 한다는 뜻이다. 근육을 키우기 위해 나에게 맞는 아령의 무게를 찾을 때를 생각해 보자. 힘들지 않은 무게를 들고 운동하면 성장 속도는 느릴 수밖에 없다.

그러니 '스트레스 안 받기'에 목표를 두지 말고 어떻게 하면 잘 대처하고 이 기회를 이용할 것인지에 집중해 보자. 스트레스는 해석에 따라 좋은 스트레스eustress, 나쁜 스트레스distress로 나뉜다. 좋은 스트레스는 적당히 대응하면 삶에 발전을 불러오고, 나쁜 스트레스는 아무리 상황에 대처하려 노력해도 불안과 우울감 등만 지속된다. 좋은 스트레스와 나쁜 스트레스를 구분하는 기준은 특정 스트레스 사건이 있는 게 아니라, 그 스트레스를 어떻게 해석하냐에 달렸다. 중간고사를 망친 이후에 기말고사를 준비하는 스트레스 상황에 놓인 학생의 예를 들어보자. 좋은 스트레스는 중간고사를 망친 이유를 분석하고 그에 대응해 발전과 성장을 도모하는 것이다. 반면 나쁜 스트레스는 같은 상황에서 이번 기말고사도 망했고, 다음 결과는 더 안 좋을 거라고 미리 부정적으로 바라보는 것이다. 이처럼 스트레스의 좋고 나쁨은 상황을 떠나 이를 해석하는 개인의 영향을 많이 받는다.

그렇다면 성장과 성공을 바라보며 스트레스를 구분하고 인식을 전환하면 어떨까? 스트레스를 어떻게 인식하느냐에 따라 결과가 달라질 수도 있으니 말이다. 실제로 2010년에 진행된 한 연구 결과에 따르면 '스트레스는 이롭다'고 생각하는 사람들이 '해롭다'고 생각하는 사람들보다 조기 사망률이 43퍼센트 낮았다. 스트레스를 좋게 인식할수록 부정적인 감정을 덜 느꼈고, 스트레스 상황에서 분비되는 코르티솔 같은 호르몬도 덜 분비되었다. 스트레스 상황 자체에 '왜?'라고 물으며 원인을 찾거나 문제로 인식하지 않고, '어떻게 대처할까?'로 접근했기 때문인 듯하다.

다시 말하자면 '멘탈이 강하다'라는 말은 '스트레스를 받지 않는다'가 아니라 '스트레스로 조금 흔들려도 남들보다 빠르게 회복한다'는 의미에 가깝다. 이를 정신의학에서는 심리적 유연성psychological flexibility이라 설명하기도 한다. 경직된 심리를 유연하게 바꾸면 자신이 선택한 가치가 더 명확해지고 그 가치를 향해 꾸준히 나아갈 힘을 얻는다.

그런데 이상하게도 수많은 자기계발 서적은 개인 업무 능력을 제대로 발휘하고 성장하려면 스트레스를 뛰어넘어야 한다고 말한다. '스트레스'를 파도라고 한다면 맞서 싸우는 것보다 그 파도를 타는 게 훨씬 유리하지 않을까? 스트레스를 적으로 여기고 계속해서 싸워 이기려고 할 때 뒤이어 오기 쉬운 증상은 바로 '번아웃'이다. 번아웃도 스트레스와 닮은 부분이 많다. 막는다고 안 올 수 없는 부분이니 인생과 떼려야 뗄 수 없는 존재다.

나는 환자들에게 '번아웃'은 자신의 상태를 더 들여다보라는 마음의 신호라고 설명하곤 한다. 스트레스 3단계인 소진기는 앞에서 설명했듯이 활동에 필요한 자원이 거의 바닥나 쉬어도 쉰 것 같지 않고, 힘을 내려 노력해도 도저히 힘이 들어가지 않는 상태인데, 이때를 놓치면 번아웃은 우울증, 공황장애, 불면증과 같은 정신건강 문제를 일으킬 수 있다. 몸과 마음이 보내는 신호를 놓치지 않으려면 번아웃이 찾아왔을 때 적절한 대처법을 숙지해 두는 게 좋다.

번아웃은 스스로 지쳐 포기하고 싶은 마음이 들게 하는 심리 상태를 뜻한다. 한 번 극복했다고 다시 오지 않는 것도 아니고, 중요한 순간마다 우리를 찾아와 여러모로 피해를 남긴다. 번아웃이 우리의 퍼포먼스를 방해하는 요인임은 분명하지만, 그때마다 자책할 필요는 없다. 불안, 스트레스와 같은 부정적인 상황을 무조건 없애려 할 때 에너지를 과도하게 소진하는 것처럼 번아웃도 마찬가지다. 거기에 온 신경을 곤두세우면 오히려 힘이 들어가서 지친 마음이 더 심해진다.

 2019년 세계보건기구(World Health Organization, WHO)에서 발표한 내용에 따르면, 번아웃은 적절하게 관리하지 않은 직무스트레스로 생기는 증후군이다. 번아웃이 진행되면서 직무스트레스가 쌓이면 처음에는 극심한 피로 형태로 증상이 나타나지만, 점점 일상생활을 영위하기 힘든 상태가 된다. 번아웃이 더 심해지면 몸과 마음도 되돌릴 수 없는 상태가 되어 내 의사와 상관없이 사회·경제 활동을 접는 경우도 생긴다.

 '공부도, 일도 잘하고 어딜 가나 인정받는 사람들은 이 단어와 관계가 없겠지'라고 생각하는 건 옳지 않다. 번아웃은 오히려 열심히 하는 사람들에게 자주 찾아온다. 다만 그들은 번아웃에 조금 다른 반응을 보인다. 특히 내가 만나본 고성과자들은 번아웃이 오기 전에 이를 예방하려는 자신만의 방법을 가지고 있다. 그렇기에 마음이 지치고 힘들어도 그 시간을 누구보다 빠르게 빠져나올 수 있는 것이다.

번아웃을 예방하려는 고성과자들, 특히 그들의 휴식에는 몇 가지 공통적인 요소가 있다. 첫째, 규칙적인 운동. 운동은 신체와 정신을 동시에 단련하며 스트레스를 효과적으로 해소하도록 돕는 역할을 한다. 꼭 몸을 키우기 위한 운동이 아니라도, 운동은 그 자체로 뇌 활성화를 돕는다. 둘째, 그들은 명상과 호흡법에 신경 쓴다. 이를 통해 마음을 진정시키고 떨어진 집중력을 되찾는다. 명상과 호흡법이 심리적 이완을 촉진하고 스트레스 감소와 정서적 안정에 영향을 준다는 사실은 이미 여러 연구로 입증되었다. 이렇게 되찾은 평온함은 스트레스 상황에서 중요한 힘이 될 수 있다. 셋째, 창의적인 취미 생활에 참여한다. 그로 인해 일상의 단조로움을 벗고 새로운 에너지를 얻을 수 있다. 한 예로 업무적인 스트레스 강도가 높은 사람이 자기 영역과 관련 없는 소설을 즐겁게 읽으면 정서적인 안정감이 회복되어 다시 강도 높은 일에 몰두할 수 있게 된다. 넷째, 자연과의 접촉은 심리적 안정과 재충전을 도와준다. 요즘은 주말이 되면 도심을 떠나는 캠핑족들이 많이 늘었다. 이처럼 자연에서 활동하는 시간은 번아웃을 예방하는 적극적인 휴식 방법이다. 마지막 한 가지는 사람들이 자주 놓치는 부분이다. 바로 사회적 관계 맺기로 정서적 지원을 얻는 방법이다. 스트레스가 많으면 관계를 정리하고 무조건 쉬어야 한다고 생각하는 사람들이 많은데, 오히려 힘이 되는 관계로 스트레스를 해소할 수도 있다. 학교나 회사 등 사회에서 좋은 관계를 맺고 서로 의지하는 방식은 정서적 지지를 유지해 스트레스 해독제 역할을 하기도 한다.

결국 [스트레스 + 휴식 = 성장]이라는 공식을 따를 때 우리의 퍼포먼스도 지속적인 성장과 성공을 바라볼 수 있다. 헬스장에서 너무 가벼운 바벨만 들면 근육이 생기지 않고, 지나치게 무거운 바벨만 들면 근육이 손상되는 것을 기억하라. 현재 자신의 상태에 맞는 적절한 무게의 바벨로 운동해야만 효과가 있다. 거기에 충분한 휴식 및 영양 섭취까지 더해지면 운동 효과는 극대화한다. 물론 적절한 무게, 충분한 휴식 및 영양을 가늠하기란 쉽지 않다. 정답이 정해진 건 아니지만 나에게 맞는 균형 지점을 찾고자 꾸준히 노력해야 한다. 노력하다가 실패하거나 넘어진다고 해서 위축될 필요는 없다. 어떻게든 번아웃을 피하려 브레이크만 밟는 것보다 훨씬 발전적이라는 사실을 기억하자.

트라우마를
다르게 보는 연습

 정신과 의사로 진료실에서 환자들을 만날 때나 퍼포먼스 코치로 진료실 밖에서 사람들을 만날 때면 그들의 고민 속에서 같은 바람을 발견하게 된다. 사람들은 누구나 '잘'하고 싶어 한다. 그것이 일이나 공부인 사람도 있고 관계인 사람도 있겠지만, 본질적으로 이 바람이 뻗어가는 막바지에는 '성장' '성과'가 있다.

 그런데 이 과정을 방해하는 존재도 있다. 바로 내 마음속 상처인 트라우마trauma다. 트라우마는 뭔가 잘하고 싶을 때 예전 마음의 상처를 떠올리게 한다. 그래서 눈앞에 놓인 목표를 포기하게 하거나 나아가려는 과정 자체를 방해한다. 넓게 보자면 '심리적 외상'을 의미하기도 하지만, 정신건강의학에서는 심리적인 충격이 상처로 남아 기억과 감정, 일상에 영향을 미칠 때 이 용어를 사용한다.

학창 시절 나를 따돌린 친구들, 입사 초기 직장 상사에게 들은 냉혹한 말이나 행동, 어린 시절 부모님 혹은 선생님에게 받은 부정적인 피드백 등등 우리 마음속에는 여러 가지 상처들이 해소되지 않은 채 자리 잡고 있다. 그런 일을 겪은 것도 안타깝지만 트라우마를 일으킨 원인을 용서하지 못하고, 내 삶에 집중하지 못하는 일이 더 안타깝다. 하지만 사실 삶을 방해하는 진짜 존재는 트라우마 사건 그 자체라기보다 트라우마에 대한 자기 기억과 해석 방식이다. 우리가 바꿀 수 있는 부분 또한 과거의 상처 자체가 아니라 기억과 해석 방식뿐이다.

트라우마는 뇌의 기억 시스템과 깊은 연관이 있다. 인간의 뇌는 컴퓨터처럼 순간순간의 기억을 입력-처리-재생-재구성하는 과정을 반복하는데, 그 가운데 오류가 생기면 오히려 마음의 근심이 깊어진다. 우리가 '기억'을 객관적이라고만 볼 수 없는 것도 이 때문이다.

이처럼 기억은 왜곡에 취약하기에 불완전하다. 우리 기억은 경험하는 사건에 얼마나 의미를 두었는지, 그 당시 기분 상태는 어떠했는지에 따라 어느 정도 바뀔 수 있다. 기억이 완전성을 갖추려면 처음 사건을 겪었던 당시 뉴런을 똑같이 작동시켜야 하는데, 지나간 기억에는 여러 요소가 관여해 똑같이 재생하기 쉽지 않다.

기억은 재응고reconsolidation 과정에서 수면 부족, 피로, 트라우마, 뇌의 신경화학적 변화 등으로 방해를 받으면 변화한다. 기억에 감정적 요소가 관여하기에 강렬한 감정이 섞인 기억은 머릿속에 더 잘 떠오른다. 우울할 때 경험하는 사건이나 기억들은 우울한 감정으로 덧입혀져 원래의 사건보다 조금 슬프게 저장될 수 있다. 뇌의 편도체와 해마는 명시적 기억을 담당하는데, 스트레스 수준이 높으면 편도체는 감정을 강렬히 저장하고, 해마의 기능에 문제를 일으킨다. 그러므로 스트레스가 극심하면 의식적 기억은 종종 불완전하거나 파편화된다. 만약 장기간 높은 스트레스를 받으면 코르티솔 수치가 높아져 해마의 뉴런들이 신경망을 축소해 기억 저장 관련 해마 크기가 작아진다. 우리가 경험한 사건들을 왜곡된 방식으로 해석해서 저장하면 그 기억은 당연히 왜곡될 수 있다는 의미다. 하지만 이런 일들은 무의식적으로 기억에 감정을 덧입히기에 우리는 전혀 눈치채지 못한다. 기억 저장 순간만이 아니라 회상 시에도 왜곡은 일어날 수 있다.

한 예로 발표 불안이 있는 사람들은 대부분 예전에 발표를 망쳤던 트라우마를 가지고 있다. 초등학교 시절 발표를 망치고 친구들이 비웃었던 기억, 교수님 앞에서 너무 떨어 망신

당했던 기억 등이 비슷한 발표 상황에서 떠올라 도망치고 싶어지는 것이다. 발표 순간은 매우 짧지만, 극심한 스트레스는 오랜 시간 이어진다. 친구들 앞에서 망신당했다는 사실이 편도체에 너무 강렬히 저장된 탓이다. 그 상황과 상처가 대수롭지 않다는 의미가 아니라 스트레스로 당시 기억이 확대된 채 저장되면 충분히 왜곡될 수 있다는 의미다.

트라우마는 재경험, 회피, 과각성 등 다양한 심리 증상을 초래한다. 재경험은 트라우마 상황에서 느낀 불쾌감이나 의식을 끊임없이 되풀이해 공포, 불안을 키우고 심하면 공황 상태로 이어진다. 회피는 고통을 잊으려고 사건 관련 생각과 감정, 장소, 기억 등 모든 조건을 무시하려 하는 증상이다. 모든 일에 흥미가 줄어들고 희망이나 긍정적인 감정이 사라져 무기력에 빠지기 쉽다. 마지막으로 과각성은 기본적으로 과잉 각성 상태를 유지하는 것이다. 늘 위험을 느끼고 긴장도가 높아서 과민한 상태에 놓인다. 혈압, 심장박동 등 신체적 증상도 기분에 따라 고조된다.

이렇듯 자신의 트라우마를 정확히 알지 못하면 시간이 아무리 지나도 현실적 문제를 해결하지 못한다. 비슷한 상황이 왔을 때 쉽게 감정이 흔들리고 만다. 일이나 어떤 과업을 수행하려 할 때 열정은 있지만 미묘한 차이로 마지막에 주저앉는 경험을 자주 했다면, 그들은 성공을 위해 가장 먼저 자신의 트라우마를 들여다볼 필요가 있다. 만약 트라우마로 얻은 상처가 현재 사고나 감정 패턴에 영향을 끼친다면 아무리 노력해도 그것은 불완전한 성장이 될 수밖에 없다. 발목이 부러진 뒤 걸음걸이가 부적응 방식으로 변형되면 달리기를 배워 속도를 내려 해도 잠재력을 발휘하지 못하는 것과 마찬가지다.

누구나 인생을 살다 보면 심리적 상처를 한 번 이상 얻게 되는데, 이 문제를 제때 해소하는 게 말처럼 쉽지는 않다. 주변 환경이 트라우마를 사회구조적 관점이 아닌 개인의 문제로 치부한다면 아픔을 겪은 당사자가 감정을 털어놓을 수도 없기에 고통은 누적된다. 트라우마를 벗어날 가장 좋은 방법은 당시 상황이나 감정을 직·간접적으로 들여다보고 표현해 감정을 해소하는 것인데, 그럴 기회를 얻는 것조차 어려운 게 현실이다. 또한 감정을 표현해서 해소한다고 근본적인 부분이 해결되는 것도 아니기에 더욱 어렵다.

그렇다고 유난히 뛰어난 성과를 내는 사람들을 두고 '트라우마(상처)가 없어서'라고 오해하면 곤란하다. 한국보건사회연구원에서 2022년에 발표한 '한국 청장년의 트라우마 실태' 자료를 보면 우리나라 청장년 중 89.9퍼센트(2,000명 대상 조사)는 트라우마 22개 유형 중 평균 4.8개 트라우마를 경험한 것으로 나타났다. 이는 사람들 대부분이 크고 작은 상처를 안고 살아간다는 뜻이다. 이 와중에도 성과가 뛰어난 사람들은 흔들림 없는 감정 상태를 유지한다. 이들은 부정적인 감정을 효과적으로 조절해 어떤 일이든 끝까지 완수한다. 이런 감정 조절 과정을 반복하면 자기만의 조절 능력이 생기고, 높은 퍼포먼스도 완성된다. 강한 사람이 살아남는 게 아니라 살아남은 사람, 버티는 사람이 강한 사람으로 남는 것이다.

상처가 나면 그 위에 더 단단한 새살이 돋는 것처럼 내면의 상처를 잘 케어하면 그 힘을 원동력으로 더 크게 성장할 수 있다. 상처가 덧날까 봐 두려워 아무것도 하지 않고 피하기만 하는 사람은 결국 자기 능력을 발휘할 기회를 영영 얻지 못할 수도 있다. 이는 반대로 말하면 적절한 시기에 심리적인 상처를 잘 치유하면 종착점이 달라진다는 의미이기도 하다. 내가 만난 고성과자들도 마음에 각자의 상처를 가지고 있었다. 그들은 그 상처로 발생한 분노, 불안과 같은 에너지를 활용해 성과를 내곤 했다. 해결되지 않는 트라우마에 무력하게 점령당하는 것보다, 그 파도의 방향을 바꿔 원하는 목표를 달성하기로 마음먹은 것이다. 이렇게 마음을 정하면 뇌brain도 우리 편이 된다.

1990년대까지만 해도 사람들은 성인의 뇌에서 새로운 뇌

세포가 만들어지지 않는다고 생각했다. 하지만 이제는 성인의 뇌도 새로운 신경세포를 발생시키고 새로운 신경망을 구축할 수 있다는 게 뇌과학적으로 증명됐다. 뇌는 반복적 경험에 반응해, 다시 말해 모든 감각, 신체 움직임, 생각, 감정, 스트레스 자극 등에 따라 끊임없이 재구조화된다. 이 개념을 신경 가소성neuroplasticity이라고 부른다.

이와 관련된 런던 택시 기사들의 뇌 연구 결과를 소개한다. 네비게이션이 없던 시절, 런던 택시 기사들의 뇌를 살펴본 결과다. 이들은 명시적 기억을 통합하는 두뇌 영역인 해마가 같은 나이, 성별의 일반인보다 더 컸다. 심지어 택시를 오래 몬 기사일수록 해마는 더 변화한 모습을 보였다. 이는 인간의 뇌는 경험에 따라 축소·확장되고 그 기능도 충분히 축소되거나 확대될 수 있다는 의미이다.

트라우마를 반복 경험하면 우리 뇌는 그에 적응해 점점 변화하기 어려워진다. 그래서 새로운 습관을 들이기도 힘들어진다. 하지만 반대로 의도적인 노력을 지속하면 뇌의 특정 근육이 발달한다. 이 말은 트라우마에서 벗어나려는 생각과 감정을 가지고 의도적인 연습을 거듭하면 트라우마에서 벗어날 수 있다는 뜻이다. 트라우마 기억 자체를 지울 수는 없지만, 회복탄력성이 증가해 트라우마 상황을 더 빨리 극복하도록 돕기 때문이다. 우리 몸이 높은 스트레스 반응을 보였다가 그것이 해소되면 효과적으로 견디는 힘을 얻는 것과 같다. 트라우마를 벗어나려는 노력은 분명 압박감이 느껴지는 상황이지만, 그 안에서 몸과 뇌는 성과를 높이는 자기만의 방식을 터득하게 될 것이다.

트라우마를 경험한 사람들은 분노, 슬픔, 죄책감 등 감정 조절에 가장 큰 어려움을 느낀다. 특히 어린 시절 경험한 트라우마는 성인이 되고 나서도 감정 조절에 지속적인 영향을 줄 수 있다.

심한 트라우마를 경험한 사람들이 자주 겪는 정신적 문제는 '해리'다. 해리Dissociation는 트라우마에 대한 심리적 반응으로, 스트레스가 극심한 상황에 놓인 개인이 자신의 감정이나 경험을 분리하는 현상이다. 감정적 고통을 피하려고 해리를 사용해서 자신을 보호하고 방어하려는 것이다. 드라마나 영화 속 주인공들이 특정 기간에 겪은 중요한 개인정보를 기억하지 못하는 해리성 기억상실Dissociative amnesia이 그 예이다. 이 정도까지는 아니더라도 스트레스 상황에서 기억의 일정 부분이 상실되는 해리 증상은 일반인들도 간혹 경험할 수 있다.

가령 억울한 오해로 법정에 서게 된 A 씨는 극도의 스트레스를 경험했다. 그는 끝없이 압박하는 조사 끝에 법정에 들어가던 날, 법정 문을 열고 나올 때까지의 기억이 통째 사라졌다. 무슨 말을 했는지, 무슨 질문을 들었는지 하나도 기억나지 않는다고 했다. 이는 매우 강한 스트레스로 겪는 기억의 단절, 즉 해리 현상이다. 이런 경험은 혼란과 불안감을 야기한다. 이 문제를 해결하려면 먼저 왜곡된 기억을 이해하고, 그것을 일상의 일부로 받아들이려는 노력이 필요하다.

트라우마를 겪은 사람들 대부분은 고통스러운 기억을 잊거나 회피해 그 강도를 줄이려고 한다. 하지만 가장 효과적인 치료는 기억을 억누르는 것이 아니라, 그것을 객관적으로 바라보고 수용하는 데 있다. 이럴 때는 내면의 감정과 사건을 명확히 구분해 해석하는 과정이 우선되어야 한다. 기억을 객관적으로 보는 시각을 갖게 되면 트라우마 영향에서 서서히 벗어나게 된다.

마음의 상처에 덜 휘둘리고 싶다면 트라우마의 기억을 종이에 적어보라고 권하고 싶다. 부모님과의 관계에서 받은 상처, 중요한 시험을 망쳤던 기억, 초등학교 때 발표하면서 망신을 당했던 기억 등등 어떤 것이든 좋다. 그 상처들은 당신이 하고 싶은 일, 해야 할 일을 시도하려 할 때 부정적인 감정에 먼저 압도하게 한 뒤 제 능력을 발휘하지 못하게 방해했을 것이다.

이럴 때 쓰기 노출 치료(Written Exposure Therapy, WET)는 부드러운 방식으로 그 사건에 부딪히도록 도와준다. 누군가에게 털어놓지 않고 혼자서 적어볼 수 있기 때문이다. 실제로 쓰기 노출 치료는 외상 후 스트레스 장애PTSD와 같은 트라우마 장애에 효과적인, 근거 기반 치료법이다. 자신이 겪은 특정 트라우마 사건을 쓰기 활동으로 정리하면서 환자가 감정을 표현하고, 그 경험을 다시 체험하면서 심리적 문제를 처리하도록 돕는다. 이렇게 트라우마 사건에 직면하는 연습을 하다 보면 두려움, 공포감이 줄어들어 과거 상황을 조금 더 객관적으로 바라보게 된다.

과정에
집중하는 사람들

　우리는 매일 맡은 일을 하느라 바쁜 나날을 보낸다. 하지만 매 순간 진정으로 그 일에 몰입하고 있는지는 의문이다. 몰입은 단순한 집중을 넘어 자기가 하는 일에 완전히 빠져드는 상태를 의미하는데, 우리는 아침에 일어나 무엇을 먹을지부터 인생에서 비중 있는 결정을 내리기까지 모든 선택에 얼마나 몰입하고 있는 걸까?

　'선택과 집중'이라는 말이 있는 것처럼 인생은 언제나 선택의 연속이다. 그래서 사람들은 때마다 더 나은 선택을 하고 싶어 하고, 결정한 부분과 과정에 최대한 집중하고 싶어 한다. 마음은 그러한데, 실제로 선택과 집중을 노련하게 해내는 사람은 많지 않다. 정신의학을 연구하는 치료자들도 늘 '현재에 집중'하기를 강조한다. 특히 "과거와 미래보다 지금 여기(Here and Now)"에 집중하라고 권한다. 사회가 아무리 과정보다 결과를 중시해도 자신의 마음 건강을 돌볼 첫 번째 열쇠는 결국 현재에 있는 셈이다.

물론 우리는 이미 성과 중심 사회를 살아가고 있기에 결과나 성과 자체에 자유롭기는 쉽지 않다. 하지만 아이러니하게도 성과 심리학performance psychology조차 '현재에 충분히 몰입하는 행위'가 긍정적인 기분, 행복감 등을 가져다준다고 말한다. 외부 요인에 압도되지 않고 스스로 행동을 조절하는 경험을 여러 번 반복하면 고양감을 느끼게 되는데, 이런 순간을 심리학은 최적 경험Optimal Experience이라고 정의했다. 우리가 목표만을 바라보고 에너지를 자유롭게 사용하게 될 때를 '몰입flow 상태'라 부르며, 몰입이 반복될 때 우리는 최적 경험에 다다를 수 있다. 몰입이 이뤄지면 외부적인 보상이 따르지 않더라도 그 활동 자체를 즐기게 되고, 주변도 점차 의식하지 않게 된다. 최적 경험과 몰입을 반복 경험하기 위해서는 결국 과정에서 만족감이 쌓여야 한다는 의미이다.

그렇다면 몰입 경험을 늘리려면 무엇이 필요할까? 동기부여, 즉 목표가 있어야 한다. 미국 시카고대학교 심리학과 미하이 칙센트미하이Mihaly Csikszentmihalyi 교수는 몰입을 잘하는 사람들의 성격적 특징을 자기 목적적 성격autotelic personality이라 분류했다. 이들은 대개 어떤 일을 수행할 때 내적 동기가 분명했고, 목표가 구체적일수록 더 잘 몰입하는 경향을 보였다. 가령 목표가 '성적을 올려야 한다'일 때보다 '이번 시험에서 수학 점수를 90점 이상으로 올린다'일 때 몰입을 경험할 확률이 높아진다.

다만 몰입 경험은 과제의 난이도, 개인의 능력 간 균형을 이루는 게 중요해 보인다. 개인이 과제를 처리할 기술적 능력이 높은 수준일 때 도전 수준(난이도)이 높은 과제를 마주하면 몰입을 경험할 확률이 높아지는 것이다. 이 균형이 깨지면 다른 감정들이 찾아온다. 개인이 지닌 기술 수준은 낮은데, 과제 난이도가 높다면 걱정, 불안과 같은 부정적인 감정에 휩싸이게 된다. 개인 능력은 갖춰졌는데, 과제 수준이 너무 낮아도 일에 흥미를 잃어 몰입을 경험하기 어려워진다.

더 좋은 성과를 계속해서 내는 중요한 방법 중 한 가지는 현재 자신을 객관적으로 바라보고, 거기에 맞는 목표를 단계적으로 설정하는 것이다. 지금 당장 능력과 실력이 부족하다고 실망할 필요는 없다. 그 단계에 맞는 목표를 찾고 꾸준히 노력하면 된다. 오히려 자신의 현 상태를 모르거나 부정하면서 높은 목표를 추구하면 성과와 성공은 점점 멀어진다.

조직 심리학 성취동기 이론을 살펴보면 목표와 몰입, 성취의 구도를 조금 다른 차원으로 이해할 수 있다. 성취동기 이

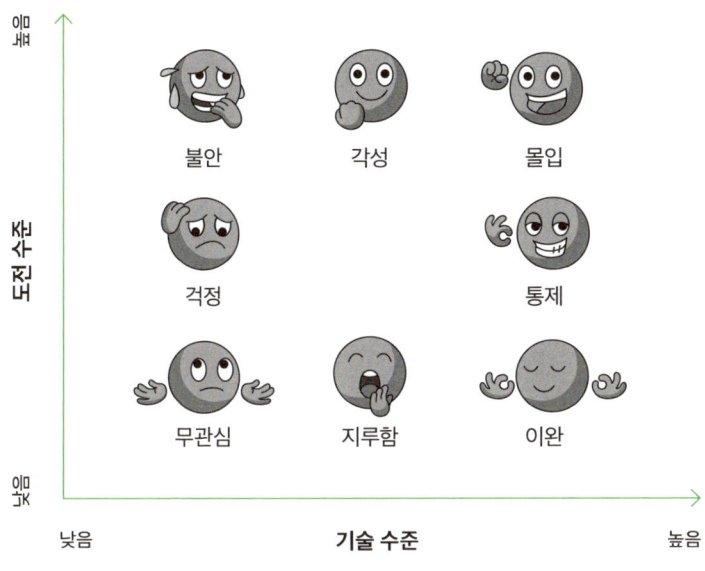

8채널 몰입 모델

론은 개인이 과제를 수행할 때 사회적 명성이나 의무, 돈 같은 외적인 보상이 아니더라도 '그 행동 자체에 따른 즐거움'이 동기가 될 수도 있다고 본다.

만약 내가 감정 조절에 관한 의학적, 심리학적 내용을 잘 정리해 개인 블로그나 유튜브에 꾸준히 게시하고 있다고 하자. 그 과정에서 누군가 나에게 돈이나 물질적 보상을 해주는 건 아니다. 그런데 내가 올린 글을 읽고 누군가가 마음의 상처를 더 깊이 이해하게 되었다면? 또는 공부하고 정리하는 과정으로 내가 더 성장한다면? 그런 결과가 나올지 안 나올지는 알 수 없으나, 그 결과를 상상하는 일은 내게 중요한 동기일 수 있다. 그럼 누가 시키지 않아도 진료 외 시간을 쪼개 책을 읽고 내가 알고 있는 지식을 글로 정리하게 된다.

반대로 내가 블로그나 유튜브를 운영하는 목표가 병원을 찾는 환자들을 늘리는 데에만 있다고 해보자. 공부하고 아는 내용을 정리해 블로그에 게시하는 과정은 같겠지만, 원하는 결과가 빨리 나오지 않는다면 나는 블로그 통계에 연연하며 조바심을 낼지도 모른다. 그러면 블로그를 운영하는 도중에 이미 흥미를 잃거나 지쳐서 일찌감치 이 과정을 포기할 수도 있다. 물론 내 블로그를 보고 병원을 찾았다는 환자들도 더러 있다. 하지만 이는 결과일 뿐이지, 그 자체가 동기나 목표가 되었다면 오랫동안 지속할 수 없었을 것이다. 둘 중 어느 쪽이 결과가 아닌 과정에 집중하고 있는 것일까? '열심히 하는 사람은 즐기는 사람을 이길 수 없다'는 말이 있는 것처럼, 궁극의 몰입 상태는 결국 과정을 보고 나아가는 사람에게 주어지는 선물 같은 능력이 아닐까? 이제 과정에 몰입하는 방법을 내 개인적인 예시로 살펴보려 한다.

첫째, 과정과 목표를 정확히 이해하고 연결해 보자. 그래야 성과에 실질적인 영향을 미칠 만한 구체적인 목표를 끌어낼 수 있고, 과업이 생각처럼 잘 진행되지 않을 때 방법을 수정할 수도 있다. 앞에서 제시한 블로그 상황으로 다시 돌아가자. 미리 밝혔듯이 내가 블로그를 운영하는 이유는 내가 알고 있는 감정 조절 관련 지식을 다른 사람들도 알았으면 해서다. 개인적으로는 그 내용을 잘 정리해 사람들이 오랫동안 두고 볼 책으로 출판하고 싶기도 하다. 책이라는 형태로 내용이 정리되면 불특정 다수에게도 이 지식이 더 잘 전달될 수 있을 테니 말이다. 그렇다면 현실적인 목표는 자연스럽게 '출간'이 된다.

'과정'은 어떤 부분이 되어야 할까? 먼저 인지행동 치료와 코칭을 통해 알게 된 사람들이 주로 고민하는 감정 조절 관련 주제를 정리하는 것부터다. 그런 다음 사람들이 힘들어하거나 궁금해하는 감정 문제와 관련된 연구 논문·책들을 찾아보면서 공부하며 학술적인 근거도 찾아 정리한다. 그러는 과정 중에 비슷한 환자들을 만나면 미리 정리한 지식으로 그분들을 돕고, 이후 추가 내용을 정리해 나가면서 블로그에 올릴 글들을 적어본다. 이 과정으로 결국 블로그에 올릴 초안이 완성되고, 출간하고자 하는 책의 뼈대가 마련된다. 이 '과정'이 나와 사람들에게 도움이 되지 않는다면, 무엇보다 내가 즐겁지 않다면 꾸준히 유지하려는 동기가 약해진다. 하지만 지금까지는 그 과정에 몰입이 잘되고 있는 편이다.

'출간'이라는 최종 목표와 과정이 정해졌다면 이제 세부적인 목표를 세워야 한다. 목표를 세울 때는 세 가지 질문이 필요하다. ① 과정에 기반한 목표인가? ② 목표 달성을 측정할 기준은 무엇인가? ③ 목표를 이루는 계획은 얼마나 구체적인가? 내가 블로그 운영에서 정한 과정은 개인 블로그에 규칙적으로 글을 게시하는 일이다. 쓰고 싶을 때 혹은 시간이 될 때 쓴다고 생각하면 계획이 틀어지기 쉬우므로 '일주일에 글 한 개씩, 25주간 적는다' 하는 식으로 과정을 기반한 목표를 세워봤다. 목표 달성을 측정한 기준은 2024년에 출간물이 인쇄되었는지, 서점에 책이 입고되었는지 등을 결과로 확인할 수 있다.

  수행이 제대로 안 될 때는 통제(수정)할 수 있는 부분을 찾도록 하자. 한 예로 나는 매주 월요일마다 업로드를 계획하고 평일 밤과 주말에 조금씩 책과 논문을 보며 글을 정리하고 있었다. 그런데 예상치 못한 신문 칼럼 작성과 학회 발표 준비, 디지털 인지행동 치료 프로그램 개발·연구 일정이 추가로 몰려서 글을 쓰는 것이 계획대로 되지 않았다. 그럴 때는 내 일과 중에 뺄 수 있는 시간을 더 찾아볼 필요가 있다. 시간을 쪼개고 또 쪼개는 방법이다. 내가 찾은 시간은 매일 30분 일찍 출근해서 글을 쓰고 아침 운동 시간에 자전거를 타면서 관련 책들을 읽는 거였다. 처음 계획보다는 일정이 늦춰졌지만, 그렇게 해서 꾸준히 그리고 조금씩 전진할 수 있었다. 지금 내가 하는 일 중 당장 하지 않아도 되는 일을 찾는 것, 내가 할 수 없거나 다른 사람들이 도와줄 부분을 찾는 것도 좋은 방법이다.

목표가 잘 세워졌다면 이제 과정을 꾸준히 이어갈 실질적인 행동전략을 모색해야 한다. 사전에 과업과 연관된 정보나 지식을 미리 수집한다면 더 나은 전략을 세울 수 있다. 대신 불필요한 정보나 감정, 시간 등을 소모하게 하는 요소는 줄여가자. 그래야 과정에 집중하기 좋은 환경이 만들어진다.

그다음으로 필요한 부분은 루틴routine이다. 루틴은 반복적인 행동을 말한다. 운동선수들은 경기 전후에 최고의 수행력을 발휘하고자 특정 행동이나 동작을 습관적으로 행한다. 이런 규칙성은 어떤 일을 할 때 몰입 단계에 도달하는 시간을 단축하도록 도와주고, 몰입을 방해하는 심리적 장애물(잡념, 지레짐작, 부정적인 감정 등)을 없애기에도 좋다.

블로그 운영을 다시 예로 들면 나는 책이나 논문을 읽을 때 형광펜으로 줄을 긋고, 그 내용을 다시 한번 주제별로 정리해 둔다. 그리고 비슷한 주제의 상담을 하게 되면 정리된 내용에 살을 붙이기도 한다. 정리된 부분을 다시 읽어보며 미약한 부분이나 추가로 의문이 드는 부분을 다시 공부해 블로그 게시물을 작성하는 식이다. 아침 헬스장에서 자전거를 타며 책을 읽는 습관도 마찬가지다. 짧은 시간이지만, 반복하면 같은 시간에 읽는 분량이 늘어나 나만의 전략적 루틴이 된다. 이런 과정이 습관으로 자리 잡으면 목표를 상향 조정할 수 있다. 블로그 글로 예를 들면 일주일에 한 개씩 게시하던 글을 두 개도 올릴 수 있게 된다.

성공한 사람들은 자신만의 성공 공식을 발견하기 전에 무수히 많은 시도를 한다. 그러다 그 방식을 발견하면 집요하고 강박적일 정도로 그것을 반복한다. 그 루틴을 방해하는 외부적, 내부적 요인을 계속해서 제거하는 작업도 잊지 않는다. 단순히 반복하는 게 루틴은 아니다. 수행 능력을 올리는 데 도움이 되는 반복 행동을 진정한 '루틴'이라 부른다. 예를 들어 야구선수가 시합 전에 수행 능력을 올리고자 아침마다 운동장을 다섯 바퀴씩 돌거나 명상하며 집중한다면 루틴이다. 하지만 직접적인 수행 능력과는 무관하게 '경기장에서 빨간 모자를 쓴 관중을 보면 경기가 잘 풀린다'고 생각한다면 이는 미신에 가깝다.

목표와 과정, 몰입의 관계는 이처럼 상호 보완적이다. 선택받은 사람들만 집중할 수 있는 게 아니다. 누구나 할 수 있지만, 꾸준히 성과가 날 때까지 루틴을 유지하는 게 어려울 뿐이다. 우선 쉬운 목표부터 세우고 차근히 노력해 보기를 추천한다. 작은 성취감을 경험하면 조금씩 더 몰입할 수 있다. 이전에 방해 요소를 최소화하고 몰입에 적합한 물리적·심리적 환경을 만드는 것도 중요하다.

  과정에 몰입해 목표에 다가설수록 긍정적인 감정도 증가한다. 몰입과 긍정 심리를 주로 연구했던 미하이 칙센트미하이 교수도 몰입 경험 뒤로 오는 행복감은 자기 힘으로 이룬 것이기에, 그만큼 삶을 건강하게 한다고 설명했다. 또한 그는 최고의 성과를 끌어내려면 주변 환경에 '의도'를 담아내야 한다고 말했다. 어떤 작가들은 책을 쓰는 노트북과 일상생활을 하는 컴퓨터를 분리해서 사용해서, 글쓰기와 노트북과의 연결을 강화한다고 한다. 나의 경우, 블로그와 출간을 준비할 때뿐만 아니라 일상에서도 책을 자주 들고 다니려고 노력한다. 운동을 갈 때도 식당에 갈 때도 틈만 나면 손에 책을 쥐고 있다. 그 순간은 어찌 보면 찰나라서 누군가는 과하다고 생각할 수도 있다. 하지만 이 활동은 남들에게 보여주려는 게 아니라 내 관심과 노력을 지속하기 위한 일종의 몰입 활동에 가깝다.

  몰입은 우리에게 즐거움, 흥분, 설렘 등 긍정적인 감정을 느끼게 해준다. 반대로 부정적인 감정은 몰입을 방해한다. 그렇다면 몰입을 방해하는 감정적 요인은 어떻게 처리할까? 과도한 감정은 줄여야 한다. 주로 결과에 대한 압박감이나 두려움, 타인의 평가를 걱정하는 마음 등이 이에 해당한다. 이런 감정은 우리 '생각'에서 비롯된다. 결국 몰입을 방해하는 생각을 인식하고 조절해야 하는 것이다. 부정적인 생각은 긍정적 혹은 중립적인 생각으로 재구성해 몰입을 유지하는 데 집중하자.

CEO B 씨는 최근 기업이 성장하면서 직접 일선에서 처리하던 일들을 관리자에게 맡기고, 시스템을 변경하려고 한다. 회사가 다음 단계로 나아가고자 구상하는 과정이다. 그러다 보니 회사에 출근해서 해야 할 일보다 사람들을 만나는 등 밖에서 해야 할 일이 더 늘었다. 그런데 한편으로는 마음이 편치 않다. "직원들이 내가 일을 하지 않는다고 생각해서 나태해지면 어쩌지." "기대 이상의 조직개편이나 비전을 보여주지 않으면 실망할 텐데." 이런 생각들이 그의 몰입을 방해하고 때로는 우울, 불안감을 느끼게 했다.

나는 몰입을 방해하는 감정을 일으키는 생각을 교정해야 한다고 조언했다. 그리고 조직이 성장하면서 대표 역할도 달라지니, 변화에 따른 주변 시선이나 실패에 대한 걱정 등을 줄이길 당부했다. 눈 앞에 놓인 일에 몰입하려면 감정 조절을 위한 생각의 교정이 필요해 적절한 코칭을 한 것이다. B 씨는 감정을 일으키는 왜곡된 생각을 교정한 것만으로도 몰입이 훨씬 쉬워졌다고 말했다. 그 뒤로 회사는 거침없이 성장했다. 몰입을 방해하는 왜곡된 생각을 직접적으로 교정하면 감정은 충분히 달라질 수 있다. 이 부분은 2부에서 더 자세히 설명할 예정이다.

현명하게 견디는 법을
익혀라

유난히 더웠던 여름, 한 강의에 초청되었다. 11시부터 내 강의가 시작될 예정이었는데, 10시에 강의실 에어컨이 고장 났다는 사실을 알았다. 어쩔 수 없이 에어컨 없는 상황에서 강의를 진행했고, 마치고 집으로 돌아와 오늘 있었던 난감한 일을 가족들과 나누었다. 그런데 생각해 보니 학창 시절에는 에어컨 없이 부채와 선풍기만으로 학업을 견뎠던 시절이 있었다. 편리한 지금 세상과 그때를 굳이 비교할 필요는 없지만, 나만 해도 그때보다 불편함을 견디는 힘이 많이 줄어든 듯하다.

이렇듯 사람들은 누구나 불편함을 피하려고 한다. 현대사회가 불편함을 줄이는 쪽으로 발달하고 있기 때문인지 이전보다 그런 경향이 더 심해지고 있다. 더우면 곧장 에어컨을 켜고 인터넷 속도가 조금만 느려도 금방 짜증을 내는 식이다. 이는 불편함을 견디는 내성이 전체적으로 낮아지고 있음을 보여주는 현상들이다. 그러나 불편함은 성장을 위한 필수 요소이다. 마라톤을 준비하는 사람을 생각해 보자. 처음에는 짧은 거리만 달릴 수 있을 것이다. 거리를 늘리고 훈련 강도를 높이면 근육 통증과 피로감 같은 불편함이 동반된다. 이 불편함을 견디고 훈련을 지속할 때 비로소 '마라톤 완주'라는 목표에 도달할 수 있다. 불편함을 견디는 힘은 개인의 성과와 발전에 중요한 밑거름이 된다.

세상이 편리해질수록 현대인들이 불편함을 견디는 힘은 약해진다. 여름에 덥고 땀이 나면 에어컨을 사용할 수 있고, 배가 고플 때 집에 재료가 없으면 터치 몇 번으로 음식을 배달시킬 수 있다. 풍요로운 삶 속에서 불편함을 견디는 역치가 점점 낮아지고 있다. 하지만 불편함은 삶의 자연스러운 부분이다. 불편함 없는 세상이란 존재할 수 없다. 그러니 눈앞에 놓인 불편함을 피하거나 없애려는 생각은 오히려 해결되지 않는 답답함을 불러올 수 있다.

현명하게 불편함을 견디려면 어떻게 해야 할까? 성공으로 가는 길에 불편함이 존재한다는 사실을 자연스럽게 인정하면 이를 대처할 방법이 보이기도 한다. 인정하지 않을 때는 감정에 뒤덮여 화만 나는데, 그럴 수 있다고 생각하고 바라보면 어떻게 해야 할지가 보이는 것이다. 그러니 불편함을 피하려고 하는 대신 불편함이 일시적이라는 사실을 받아들이려 해보자. 견디다 보면 버티는 힘도 길러진다. 이는 결국 감정 조절 능력으로 연결된다. 성과를 이루고 싶다면 감정을 조절하고 욕구좌절 인내성frustration tolerance을 기르는 게 중요하다. 이 능력은 예상치 못한 좌절이나 어려움에 직면했을 때 진가를 발휘한다. 끊임없이 어려움을 호소하거나 자기 연민에 빠지지 않을 수 있고, 불확실성과 괴로움을 견디는 힘을 준다.

―――

그렇다면 불편함을 없애는 좋은 방법은 뭘까? 아니, 애초에 불편함을 없애려 하면 안 된다. 불편함이란 우리 삶에서 피할 수 없고, 특히나 성장과 성공을 원한다면 필수적으로 거쳐야 할 길이기 때문이다. 그러니 불편함을 받아들이고 이에 적응하는 방법을 배워야 한다. 인지적으로 경직된 사람들은 이를 받아들이기 매우 힘들어한다. 좋은 말로 하면 주관이 뚜렷하고, 다른 말로 표현하면 심리적 유연성psychological flexibility이 부족한, 고집 센 사람들이다.

우리에게는 불편함을 견디는 유연한 사고가 필요하다. 심리적 유연성은 사람들이 변화하는 상황에 적응하고 스트레스에 대처하는 능력을 의미한다. 이 개념은 인지행동 치료(Cognitive Behavioral Therapy, CBT)와 밀접하게 관련되어 있으며, 개인이 불편한 감정을 피하지 않고 수용하며 행동을 조절하는 데 도움을 준다. 연구에 따르면 심리적 유연성이 높은 사람들은 스트레스 상황에서도 더 나은 성과를 내고, 정신건강이 향상된다고 알려졌다.

심리적 유연성을 기르려면 욕구좌절 인내성도 함께 발달시킬 필요가 있다. 욕구좌절 인내성이란 지연된 만족을 연습하는 과정이다. 다시 말하면 장기적인 목표나 더 큰 보상을 위해 즉각적인 보상을 미루고 기다리는 것을 의미한다. 즉각적인 보상은 공부하기 싫을 때 스마트폰을 사용해 즉시 즐거움을 얻는 것처럼, 행동 후 즉시 보상이 주어진다. 이런 보상은 일시적인 만족감을 주지만, 장기적으로 보면 목표 달성을 방해할 수 있다. 반면 지연된 보상은 행동 후 일정 시간이 지난 후에 주어지는 보상이다. 힘들어도 시험공부를 열심히 해 좋은 성적을 받는 등 원하는 목표를 달성하는 과정을 예로 들 수 있다. 지연된 보상에는 즉각적인 쾌락을 미루고 장기적인 목표와 더 큰 성취를 기다리는 과정이 반드시 포함된다. 이 시간이 결국 불편함을 견디는 힘, 심리적 유연성 등을 길러줘 장기적인 목표를 달성하도록 돕는다.

불편감을 견디는 구체적인 방법 중 또 다른 하나는 '관점'을 바꾸는 것이다. 심리학 교수 캐롤 드웩Carol Dweck이 주장한 성장 마인드셋growth mindset은 실패를 학습의 기회로 보고 불편함을 성장의 일부로 받아들이는 방식이다. 불편함을 느끼는 상황에서는 부정적인 감정을 긍정적 혹은 중립적인 감정으로 재해석하는 인지 재구성cognitive restructuring이 핵심이 된다. 예를 들어 긴장감으로 느끼는 불편함을 자연스러운 반응으로 이해한다고 해보자. 그렇다면 오히려 이 '불편함' 덕에 더 나은 선택을 할 수도 있다. 운동할 때 근육통이 생기거나 몸이 불편한 상황이 올 수 있는데, 이 부분을 자연스럽게 받아들인 사람은 운동을 지속하기로 선택할 것이다. 이 시간이 쌓이고 쌓이면 운동을 꾸준히 한 사람은 건강 문제가 개선되고 에너지가 높아져 건강, 성취감을 모두 얻을 수 있다. 이게 바로 불편함을 일부로 받아들였을 때 나타나는 순기능이다.

이와 같은 다양한 방법으로 우리는 불편함을 도전과 성장의 기회로 바꿀 수 있다. 업무나 생활 속에서 불편함을 느끼는 게 극히 자연스러운 일임을 받아들이자. 미국 정신분석학자 하인즈 코헛Heinz Kohut의 이론 또한 우리가 느끼는 불편함이 개인의 정신적 성장과 밀접하게 관련이 있음을 밝히고 있다. 코헛은 자기심리학self psychology 이론에서 적절한 실망과 좌절이 자아의 강화를 돕고, 궁극적으로 더 큰 성취와 만족을 끌어낸다고 주장했다. 실망과 좌절 이후에는 불편감을 느끼지 않으려 하기보다 그 상황을 얼마나 빨리 벗어날 수 있는지가 핵심이 된다. 극복하려는 시도를 통해 심리적 회복력$_{resilience}$이 쌓이기 때문이다. 이 회복력은 스트레스와 어려움을 잘 극복하고 긍정적인 성장을 이루는 데 필수적이다. 실망과 좌절 이후에 찾아오는 불편한 감정을 잘 다스리면 정신적, 감정적 성숙을 얻을 수 있다.

어린 시절 친구들과 축구 시합을 할 때면, 나는 '왜 친구들보다 잘하지 못할까?'를 늘 생각했다. 물론 달리기 실력, 슈팅 감각, 체력 등 축구 잘하는 친구들에 비해 능력이 부족했기 때문이겠지만, 그런 현실적인 이유보다 축구라는 운동이 주는 불편함을 피하고 싶었다. 가령 축구장에서 친구들과 달릴 때 몸싸움이 일어나는 상황이 너무 불편했다. 그러다 누군가 다치거나 감정싸움이 일어나지는 않을까 지레 걱정하며 회피한 것이다. 최단 거리인 직선거리로 달리다가 몸싸움이 예상되면 나는 여지없이 패스했고 최단 거리가 아닌 방향으로 빙 둘러 갔다.

사실 축구 경기에서 몸싸움 없이 잘하고 싶다는 건 비현실적인 꿈이다. 불편함을 피하려는 태도는 목표한 성과를 저해할 수 있다. 불편함을 받아들이고 극복하려는 노력이야말로 진정한 성과와 성장을 이끄는 힘이다.

불편함은 인간관계에서도 피할 수 없는 중요한 요소이다. 인간관계란 원래 갈등이 불가피하며, 오히려 이 갈등으로 더 깊은 이해와 강한 유대감을 형성할 수도 있기 때문이다. 친밀한 관계를 맺는 과정에서 갈등과 같은 불편함이 아예 없을 수는 없다. 불편함이나 갈등을 회피하는 패턴은 오히려 문제를 더 키울 때가 많다. 갈등을 극복하는 과정에서 관계는 더 견고해지거나 단단해지는데, 이 과정을 생략하려고만 하면 관계 해결은 점점 멀어지고, 자신의 관계 능력도 영영 성장하지 못하게 된다.

불편함을 극복하는 데 유난히 어려움을 겪는 사람들은 대개 민감한 기질을 타고난다. 관계에서도 불편함을 참지 못하고 '손절'하거나 학교나 회사 생활의 불편함도 좀처럼 참지 못한다. 불편한 관계를 이어가야 하는 결혼에 큰 가치를 두지 않고, 어색하거나 불편함을 주는 관계는 유지하지 않는 편이 현명하다고 여기는 경우도 있다.

이들은 자극에 빠르게 반응하고 지대한 영향을 받는다. 그렇기에 주변 영향에 쉽게 피로해지고 그럴 때마다 자신의 민감성을 자책한다. 정확히는 자극에 대한 자신의 반응을 견디지 못해 녹다운된다. 이전 경험을 바탕으로 불편을 일찌감치 감지하고 미리 염려하다가 '이 기분이 내 수행을 방해할 것'이라는 결론을 내리기 때문이다. 그렇기에 부정적인 감정을 경험할 때마다 혼란을 느끼고 그 감정에 강하게 압도된다.

하지만 조금 다른 시각으로 보면 이들은 누구보다 감정이 풍부하고 섬세한 사람들이다. 민감성의 잠재력을 최초로 밝힌 임상심리학자 일레인 N. 아론Elaine N. Aron은 "세상에는 잘 자란 민감한 이들이 필요하다"고 주장했다. 제아무리 민감한 사람이라도 불편을 잘만 극복하면 오히려 보통 사람보다 뛰어난 열매를 맺을 수 있다는 의미다. 실제로 미묘한 자극에 반응성이 높은 사람들은 운동, 예술, 공부, 사업 등 다양한 분야에서 두각을 드러낸다. 불편을 잘 느끼는 만큼 행복과 즐거움, 만족감도 더 많이, 더 깊이 경험한다. 이들에게 필요한 연습은 딱 하나다. 지금 나에게 어떤 일이 일어나고 있는지, 지금 내 마음과 감정 상태는 어떤지를 곰곰이 생각하고 피하지 않는 것이다. 그 과정이 반복되면 비슷한 상황에서 감정을 토대로 배운 지식을 효과적으로 활용할 수 있다. 감정을 다스리는 다양한 기술을 익히는 셈이다.

민감한 사람들은 대개 자신감이 낮은 편이다. 사회 통상적인 개념처럼 '나는 예민해' '나는 체력이 약해서 끝까지 해내지 못할 거야' '나는 눈치를 너무 많이 봐' '난 항상 긴장해'

등 단점을 중심으로 자신의 성격을 규정하기 때문이다. 이럴 때는 먼저 민감한 기질을 타고난 사람들의 장점을 제대로 알아둘 필요가 있다.

우선 민감한 사람들은 빠르게 변화하는 시대에 적응하고 성공을 이끌 만한 다양한 능력을 소유하고 있다. 외부 변화와 트렌드를 잘 읽을 수 있고, 상대의 감정을 잘 파악하며 공감도 잘한다. 또한 업무나 공부할 때도 미묘한 차이를 인식하고 상황을 구분하며 디테일을 잘 살린다. 불편함을 잘 느껴서 개선해야 할 포인트를 잘 아는 것도 능력이다. 이 부분을 바꾸려는 동기가 높으니 당연히 실행력도 좋다.

정리하자면 민감함과 불편함은 확실히 잘만 다듬으면 성장의 초석이 될 수 있다. 예민한 학생들은 새로운 배움이 있을 때 긴장과 불안을 잘 느끼지만, 이 상황을 견디고 학업에 적응하면 공부 능력은 오히려 다른 학생들의 배가 된다. '좋은 성과'라는 긍정적인 열매도 불편함을 인내한 다음에야 찾아온다.

스스로 민감성이 높다고 생각한다면 목표 자체를 '불편함 견디기'에 두는 것도 효과적이다. 예를 들어 체중 감량 혹은 허리 통증 감소, 근육량 증가 등을 목표로 운동을 시작했다고 하자. 민감성이 높은 이들은 다수의 규칙에서 벗어나 자기만의 목표를 세우는 게 더 나을 때도 있다. 그들은 보통 통제할 수 없는 자극을 가장 큰 고통으로 여기기 때문이다. 그럴 때는 일정 기간 내에 몇 킬로그램을 감량할지, 근육량을 얼마나 늘릴지보다 자극에 익숙해지는 방법을 먼저 고민하는 게 더 도움이 된다. 신체적 긴장감처럼 마음의 긴장이나 불안도 마찬가지다. 자극에 휩쓸리고 압도되기보다 이 감정이 어디에서 왔고, 어떻게 하면 지나갈 수 있는지를 한 발짝 물러서서 생각하자.

감정을 실어
판단하라

　합리적·이성적 의사결정, 실패 없는 선택, 손해가 적고 이익이 큰 결정… 살아가면서 사람들은 누구나 자신에게 유리한, 좋은 결정을 원한다. 고민 끝에 내린 결정과 결과에 만족할 때도 있지만 후회할 때도 많다. 어떤 결정은 매우 사소하고 가벼워 보이지만, 어떤 결정은 내 인생에 엄청난 영향을 줄 것처럼 거대해 보인다. 그렇기에 사람들은 뭔가를 결정해야 할 때 크고 작게 심사숙고하고 더 나은 선택을 하고자 노력한다.
　결정을 내릴 때 사람들이 오해하는 부분이 있다. 감정을 배제하고 '이성적'인 판단을 내려야 한다고 생각한다는 것이다. 즉, 감정적인 결정은 나쁘다고 여긴다. '이성'은 사전적으로 감성, 오성(지성 및 사고 능력)과 구별되는 고차원적인 사고 능력을 의미한다. 서양 철학은 오랫동안 인간의 능력을 이성과 감성으로 분류하고 '이성'을 인간적인 것, 감성을 '동물적인 것'으로 규정해 왔다. 그러나 현대 심리학, 신경과학, 사회학 등 다양한 학문이 발달하면서 이성과 감성은 상호작용하며 인간의 판단과 행동에 중요한 역할을 한다는 사실이 밝혀졌다. 감정은 단순한 동물적 본능이 아니라 이성적 판단에 필수적인 정보를 제공하는 요소로 작용하며, 이를 무시하면 오히려 비합리적인 결정을 내릴 수 있다.

인간의 욕구와 감정은 단순한 생리적 반응이 아니라 복잡하게 구조화된 신경계와 뇌 기능에 기초하고 있다. 욕구는 인간의 생존과 번영을 돕는 필수적인 원동력으로, 기본적인 생리적 욕구(예: 음식, 물, 수면)에서부터 사회적 욕구(예: 소속감, 인정)까지 다양하다. 매슬로의 욕구 이론에 따르면, 인간의 의사결정은 각 단계의 욕구(생리적 안전, 소속과 애정, 존중, 자아실현)에 의해 달라진다. 기본적인 생존과 안전 욕구가 충족되지 않으면 즉각적인 결정을 내리지만, 자아 실현과 같은 상위 욕구가 충족되면 장기적이고 복잡한 결정도 할 수 있다. 욕구 충족 단계에 따라 개인의 동기와 목표가 의사결정에 큰 영향을 미치는 것이다. 이런 욕구를 충족시키려고 인간은 환경과 끊임없이 상호작용하며 의사결정을 내린다.

감정은 이와 같은 욕구 충족 과정에서 중요한 역할을 한다. 감정은 우리 경험과 기억, 환경적 자극에 따른 즉각적인 반응이다. 이는 대뇌변연계와 같은 뇌의 특정 부위에서 주로 발생한다. 예를 들어 우리가 위험을 감지할 때 두려움을 느끼는 것은 편도체가 활성화되기 때문이다. 감정 반응은 우리가 빠르게 상황을 판단하고 적절히 대응하도록 돕는다. 그렇기에 감정이 안정될수록 더 합리적인 판단을 할 수 있다.

즉, 인간의 의사결정 과정에서 감정을 배제하는 건 사실상 불가능하다. 만약 감정을 배제하면 오히려 비합리적인 결과를 낳을 수도 있다. 감정이 없으면 중요한 경험과 기억을 통해 저장한 정보를 놓치게 되고, 상황에 빠르게 대처할 수도 없기 때문이다. 내적 동기부여에도 부정적인 영향을 줄 수 있다. 그렇기에 감정과 이성을 조화롭게 통합하는 게 가장 바람직한 의사결정 방법이다. 감정은 또한 이성과 상호작용하며 우리의 결정을 더욱 풍부하고 인간적으로 만든다. 의사결정의 결과는 미래의 불확실성 속에서 나타나기 때문에, 이성뿐 아니라 감정과 욕구를 종합적으로 고려하는 것이 더 나은 선택을 할 수 있는 길이 된다.

두 개 회사 중 어느 곳에 입사할까를 고민하는 취업 준비생이 있다고 하자. 첫 번째 회사는 안정적인 대기업으로, 높은 연봉과 복지를 제공한다. 하지만 취업 준비생이 평소 흥미를 느끼던 사업 분야는 아니다. 두 번째 회사는 스타트업으로 급여는 상대적으로 낮지만, 열정을 갖고 일할 수 있으리라는 확신이 든다. 이성적으로는 대기업에 들어가 안정적인 삶을 누리는 게 더 나은 선택처럼 보인다. 그러나 그는 감정적으로 더 만족감을 얻으며 일할 수 있는 스타트업을 택했다. 감정이 일하는 동안 더 행복하고 의미 있는 경력을 쌓을 길로 그를 안내한 것이다. 이 결정은 감정과 이성이 상호작용해 내린 결과이다. 이성적인 판단에 한 개인의 열정, 만족도가 반영되었기 때문이다. 어느 쪽이 더 나은 선택인지 알 수 없지만, 당사자가 자기 가치관과 잘 맞는 길을 택했다면 그것으로 충분하다.

복잡하게 구조화된 인간의 욕구, 감정, 뇌를 조금만 살펴봐도 우리가 하는 모든 의사결정이 '합리적' '이성적'일 수 없다는 게 분명해진다. 무엇보다 의사결정의 결과는 언제나 현재가 아닌 미래에서 펼쳐진다. 미래에 '불확실성'이 존재하는 한 결정하는 일은 누구에게나 똑같이 난해할 수밖에 없다.

인간이 의사결정을 할 때 가장 많이 활용하는 사고는 크게 두 가지다. 직관과 추론. 직관은 논리적으로 분석할 필요 없이 감을 믿고 내리는 빠른 결정이고, 추론은 가설과 실험, 지식, 경험 등을 총동원해 결과를 분석·예측해 뭔가를 선택하는 방식이다. 직관은 빠르고 무의식적인 정보 처리 과정에서 나타나는 즉각적인 결정이다. 주로 경험, 기억, 감정적 반응으로 형성된다. 직관 덕분에 우리는 혼란스럽고 복잡한 상황에서 신속하게 결정을 내릴 수 있다. 편도체가 이런 감정적 반응을 빠르게 처리하고 기존 정보를 바탕으로 직관적 결정을 내리는 데 중요한 역할을 한다. 어느 쪽이 우등하고 열등한지를 따지는 학문적 논란은 늘 이어졌지만, 지금은 직관도 추론 못지않게 중요하다는 목소리가 점점 커지고 있다. 진화와 적응 측면에서 봤을 때 직관은 인간의 생존과 성장을 돕는 엄청난 무기이기 때문이다.

어린아이들을 떠올려 보자. 언어를 자유자재로 사용하지 못하는 미취학 아이들은 언제나 직관력을 발휘해 반응하고 눈앞에 놓인 문제를 해결한다. 자신이 내린 결정에 장애물이나 실패가 따른다면 그것을 나름의 방식으로 뛰어넘고 비슷한 상황이 펼쳐졌을 때 또다시 갈고 닦은 직관을 활용하는 식이다. 그렇게 자라는 동안 인간은 저절로 직관적 지능을 쌓고, 삶에 필요한 지혜와 기술을 터득한다. 물론 어느 정도 직관을 기른 뒤에는 지식을 같이 쌓아 추론할 힘도 길러야 한다. 양쪽을 두루 갖춰야 우리가 진정 원하는 더 나은 선택에 이를 수 있다. 가령 의사결정을 내릴 때 우리는 선택에 따르는 장단점, 대안적 선택지까지 고민한다. 이 과정은 분석적 추론에 가깝다. 여기에 감정을 반영한 직관이 더해지면 위험한 선택을 점차 줄여나갈 수 있다. 이렇듯 감정은 주의를 집중시켜 위험을 신속하게 파악하고 회피하게 도와줘 생존 가능성을 높인다.

그렇다면 직관과 감정은 어떤 관계일까? 직관적 결정은 주로 대뇌변연계와 같은 뇌의 감정 처리 영역에서 시작된다. 대뇌변연계는 감정을 생성하고 처리하며, 이런 감정들이 직관적 판단에 영향을 준다. 예를 들어 편도체는 감정적인 기억과 관련이 깊은데, 우리가 위험을 감지하고 빠르게 반응하도록 돕는다. 이는 직관적 결정을 내릴 때 즉각적인 '직감'으로 나타날 수 있다.

감정은 직관적 결정에서 중요한 역할을 한다. 긍정적인 감정은 직관을 강화하고, 더 자신감 있게 결정을 내리도록 도와준다. 이때 심리적 안정감을 느끼고 심박수 감소, 근육 이완, 호흡 안정화 등 다양한 신체 반응이 나타난다. 반면 부정적인 감정은 직관을 억제하거나 더 신중하게 행동하도록 만든다. 이때 일어나는 신체 반응은 심박수 증가, 근육 긴장, 가쁜 호흡 등이다. 이는 감정이 직관적 판단을 내리는 뇌의 신경 경로에 직접적인 영향을 주기 때문이다. 부정적 감정을 자주 느끼는 사람들은 직관적 판단에 브레이크를 자주 건다. 업무에서도 실수를 줄이려고 더 꼼꼼하게 검토하고 고민한다. 실수는 줄일 수 있겠지만, 고민하지 않아야 할 상황에서도 늘 망설이고 주저하다가 기회를 놓치는 경우도 많다.

이처럼 의사결정은 늘 감정의 영향을 받는다. 그렇기에 부정적이든 긍정적이든 특정 감정이 찾아왔을 때는 스스로 질문을 많이 던져볼 필요가 있다. 이 과정으로 우리는 '나'를 더 잘 알게 된다. 내가 뭔가를 특별히 좋아하거나 싫어할 때, 쉽게 수긍하거나 괜한 반발심이 들 때, 뿌리치기 힘든 유혹이 있거나 흔쾌히 하고 싶어질 때… 내 감정 상태를 깨달으면 지금 내리는 결정에 도움이 된다.

물론 다른 이성적 판단 없이 감정에만 기댄다면 충동적 결정으로 이어질 확률도 있다. 진료실에서도 감정적으로 반응해서 충동적인 결정을 내린 자신을 탓하거나, 감정을 유발한 대상과 상황을 푸념하는 환자들을 자주 접한다. 일단 중요한 결정은 감정적으로 불안정한 상태가 아닐 때 내리는 게 좋다.

결정을 내릴 때 합리적인 판단을 방해하는 요인은 무엇일까? 주된 요인은 스트레스, 고정관념, 완벽주의 등이다. 스트레스는 습관적 행동, 즉각적이고 감각적인 행동을 촉진한다. 적당한 스트레스는 교감신경계를 활성화하고 체내 카테콜아민 분비를 도와 기억력·집중력을 높이지만, 일정 수준 이상의 스트레스를 받고 있다면 눈앞에 놓인 자극에 민감해져 유혹에 쉽게 무너지는 경향을 보인다.

스탠퍼드대학교 바바 시브Baba shiv 교수, 인디애나대학교 사샤 페도리킨Sasha Fedorikhin 교수는 일시적인 인지 과부하 상태(일정 수준 이상의 스트레스 상황)일 때 선택에 어떤 오류가 생길 수 있는지를 실험했다. 학생들 한 그룹에는 두 자리 숫자를, 다른 한 그룹에는 일곱 자리 숫자를 기억하게 한 다음 다른 방으로 이동해 숫자를 보고하는 과제를 내줬다. 이동 중 복도 진열대에는 초콜릿케이크와 과일샐러드가 있는데, 과제를 마친 학생들은 둘 중 원하는 보상을 선택할 수 있다. 이때 두 자리 숫자를 외운 학생들은 샐러드를, 일곱 자리 숫자를 기억한 학생들은 케이크를 더 많이 선택했다. 두 그룹 학생 모두 샐러드가 건강에 좋다고는 인식하고 있었지만, 순간적으로 인지 부하를 겪은 학생들은 감정에 치우쳐 즉각적인 만족감이 높은 달콤한 음식을 택한 것이다.

다음으로 살펴볼 위험 요인은 고정관념이다. 행동경제학에서는 시간이나 정보가 불충분해 합리적인 판단을 할 수 없을 때, 체계적이고 합리적인 판단이 필요한 상황이 아닐 때 신속한 결정을 내리는 어림짐작의 기술, 즉 '휴리스틱'이 필요하다고 말한다. 이 어림짐작의 기술은 오류를 범할 가능성이 크기에 그만큼 주의가 필요한데, 이때 합리적인 판단을 방해하는 가장 큰 요인이 '고정관념'이다. 특히 스스로 성공을 이루었다고 생각하는 편이라면 이 부분을 더 주의하자. 그들은 이

제껏 운도 따랐겠지만, 합리적인 의사결정을 하면서 때를 기다렸기에 '성공'에 다가설 수 있었다. 문제는 자신만의 방식으로 성공 경험을 많이 할수록 고정관념이 강해진다는 것이다. 처음에는 객관적이고 균형 있게 바라보며 감을 발휘했더라도 점점 '감정적 추론' 방식으로만 선택하는 경향을 보인다. 감정적 추론은 충분한 근거 없이 막연한 느낌에만 기대 결론을 내리는 인지 오류 중 하나이다. '내가 그렇게 느껴진다면 그게 사실임이 틀림없어'라는 식으로 생각한다.

더 쉬운 예를 살펴보자. 나를 찾아온 자수성가한 오십 대 CEO가 있었다. 그는 생각하는 원칙을 웬만하면 바꾸지 않는 성격이다. 과거 막대한 성공을 이룬 경험으로 매사 확신으로 가득 차 있다. 어떤 문제를 해결할 때 판단 방식도 고정관념에 가까웠는데, 물론 그게 도움이 될 때도 많았다. 문제는 상황이 변했거나 다른 방식의 접근이 필요한 시기가 찾아왔을 때 생긴다. 시대는 늘 흐르고 때마다 상황은 변한다. 그런데도 고정관념으로 합리적이지 못한 의사결정을 내린다면 회사는 어떻게 될까? 과거의 경험이나 그의 가치관이 무조건 틀렸다는 게 아니라, 고정관념이 좋은 결정을 방해할 수 있다는 이야기다. 합리적인 결정을 내릴 때는 '그때는 맞았지만, 지금은 틀릴 수 있다'는 유연성 있는 사고가 꼭 필요하다.

완벽주의는 확신 있게 빠른 선택을 내리는 고정관념과 명확히 대비된다. 언제나 '완벽'을 추구하기에 오히려 결정이 더디다. 그럴 수밖에 없는 게 그들은 a를 택하면 b의 좋은 점이 밟히고, b를 선택하자니 a보다 못한 것 같아서 고민하는 사람들이다. 더 정확한 정보를 얻은 뒤 선택하려고 조사에 조사만 거듭하기도 한다. 미래의 불확실성까지도 예측하려다 보니 나중에는 지쳐서 선택을 회피하거나 반대로 충동적으로 선택해 합리적이지 못한 결과를 낳는다.

이럴 때는 감정을 활용해 좋은 결정을 내리는 습관을 들일 필요가 있다. 그러면 큰 노력을 들이지 않고도 더 나은 결정을 할 수 있다. 가장 먼저는 메모하는 습관이다. 어떤 문제를 정의하고 분석하려면 그 과정을 때마다 잘 적어두는 게 좋다. 거기에 대안과 현재의 감정 상태 등을 같이 기록하면 적절한 인지적 정보로 사고의 맥락을 파악할 수 있고, 선택 이후에 따라올 감정도 조금 더 객관적으로 예측할 수 있다. 두 가지 중에서 한 가지를 선택해야 할 상황이라면 비교하기 쉽도록 각각의 장단점도 적어두자.

그걸 바탕으로 최선의 결정을 내렸다면 자체 피드백도 잊지 말자. 의사결정 이후 어떤 결과가 나왔는지만을 평가하라는 게 아니다. 원하는 것을 얻었는지, 고민할 때는 중요해 보였는데 막상 결과에서는 중요하지 않았던 것, 합리적이라 생각했는데 그다지 합리적이지 않았던 요소, 의사결정 직전의 감정 상태는 어땠는지 등 전후 상황을 세심히 살필 필요가 있다. 결정을 내릴 때도 감정이 필요하고 이후에도 마찬가지다. 결정 전후의 감정 상태를 잘 이해하면 그다음에 더 좋은 선택을 할 수 있다.

다양한 관점으로도 생각해 보자. 내가 파악하고 있는 정보와 예측하는 결과들을 충분히 검토하고, 다양한 사람들에게 조언을 구해 균형 있는 시야로 바라보는 것이다. 내가 보유한 정보가 오류일 수도 있고, 결과에 대한 예측도 어떨 때는 고정된다. 만약 주변 사람들 의견을 듣거나 다양한 관점을 고려하기 어려운 상황이라면 스스로 객관성을 유지하려 노력해야 한다. 내 가장 친한 친구에게 조언한다고 생각하면 문제가 명확하게 보일 수 있다. 완벽한 결정은 없다. 다만 내 감정을 충분히 파악하고 활용하면 조금 더 나은 선택을 할 수 있다. 이렇게 '최선의 선택'을 거듭하다 보면 언젠가는 최고의 결과에 도달하게 된다.

마음 편한 혼자보다
팀과 함께 치열하게

성과를 높이려면 개인 역량만큼이나 팀워크가 중요하다. 농구 경기에서 단 한 명의 뛰어난 선수가 팀을 이끌 수는 있지만, 경기를 승리로 이끄는 건 결국 팀 협력과 전략적인 플레이다. 팀 구성원들이 각자 역할을 잘 수행하고 상호 보완하며 목표를 향해 나아갈 때, 그 성과는 개인의 성과를 훨씬 뛰어넘는다.

이처럼 성공적인 성과는 단순히 개개인의 뛰어난 능력에 의존하지 않는다. 팀워크는 구성원들이 서로의 강점을 발휘하고 부족한 부분을 보완하는 협력 과정으로 탄생한다. 팀워크를 이끄는 데 필수적인 역할을 하는 건 다름 아닌 리더다. 리더는 팀이 조화롭게 일할 수 있도록 방향을 제시하고 구성원들이 동기부여를 공고히 할 환경을 만들어준다. 물론 쉽지 않은 일이다. 리더는 팀원들이 많을수록 팀워크를 끌어내는 데 고민이 많아지고 차라리 혼자서 열심히 하는 게 낫다고 느끼기도 한다. 혼자 일하는 게 일시적으로 마음은 편할지 모르지만, 팀과 함께 협업하면 더 빨리, 더 높은 성과에 다가설 수 있다.

조직의 성과를 높이고 싶다면 단순한 업무 지시보다 코칭으로 팀원의 성장을 촉진하고 잠재력을 발휘하도록 유도해야 한다. 팀워크를 강화하는 리더의 역할과 팀 내 코칭의 중요성은 조직 전체 목표 달성에 크게 이바지한다. 이런 접근은 개개인의 성장뿐 아니라 조직의 성과를 높이는 데 필수적이다. 이전까지는 '티칭'에 더 집중하는 경향을 보였다면 요즘은 수동성보다 능동성이 중심이 되는 '코칭'으로 방향을 틀고 있다고 봐야 한다.

먼저 이 두 가지 개념의 차이를 살펴보자. 티칭은 말 그대로 가르치는 이가 학습자에게 지식이나 기술을 직접적으로 전달하는 것을 의미한다. 그런데 교육 내용이나 수준 등이 학습자가 아닌 전달하는 이의 입장에 맞춰지다 보니 톱다운$_{top\text{-}down}$ 방식(주입식)에 일방적이라는 한계를 가진다. 개개인의 현재 역량이나 목표 의식 등은 고려 대상이 아니기에 교육으로 각자의 동기부여를 확실히 하기에는 부족한 점이 있는 것이다.

 방향이 조금 바뀐 코칭은 '일대일 관계'에 더 초점을 맞춘다. 개인의 역량과 성과를 높이는 기술을 배운다는 점은 같지만, 조직뿐 아니라 각 구성원의 성장과 발전, 잠재력 향상에 더 초점을 둔다. 코칭 심리학은 기존의 심리학적 접근방식에 기반을 둔 코칭 모델로 개인 삶의 웰빙과 업무영역의 성과를 향상하도록 돕는 학문으로 정의된다. 이 프로세스는 자연스럽게 질문, 경청, 피드백 등 쌍방향 과정을 포함한다. 또한 코칭 이후 스스로 적용하고 연습하는 시간도 필수다. 결국 개인이 능동적으로 참여하지 않으면 성과를 창출하기 어려운 구조다.

 한 번쯤 들어봤을 '자기 주도'라는 말을 떠올려 보자. 대부분 공부법을 얘기할 때 '자기 주도 학습'이 중요하다는 식의 얘기를 많이 한다. 코칭은 자기 주도적인 기능이 함께해야 더 좋은 결과를 낼 수 있다. 우리나라 대표 성과 코칭 컨설턴트 류량도 대표는 자신의 저서 《성과 관리》에 피플 코칭과 성과 코칭의 큰 차이점을 정리했다. 피플 코칭은 상대방의 잠재 역량을 자극해 행동으로 발현되도록 질문과 경청 기법을 촉진하지만, 성과 코칭은 대상자가 조직 내에서 자기 역할과 책임의 기준을 깨닫고 성과 창출을 극대화하도록 자극한다. 그렇다면 정신건강의학과 의사인 내가 이야기하는 성과를 높이는 코칭이 무엇인지 궁금할 수도 있겠다. 이 부분은 3부 '퍼포먼스 코칭' 개념을 설명할 때 더 자세히 다루려고 한다.

코칭으로 팀의 성과를 올리는 한 가지 방법은 동기를 부여하는 것이다. 고성과의 비밀을 다룬 경제경영서 《무엇이 성과를 이끄는가》에 따르면 성과를 내는 주요 요인으로 주목받는 두 가지 개념은 창의성과 동기이다. 동기는 다시 간접 동기(정서적, 경제적 압박감, 타성)와 직접 동기(일의 즐거움, 의미, 성장)로 나뉘는데, 이 모든 동기 지표(총 동기 지표)가 높을 때 성과도 높아지는 경향을 보인다. 그리고 창의성은 직접 동기 영향으로 높아지기도 한다. 하버드 비즈니스 스쿨 테레사 애머빌Teresa Amabile 교수의 창의성 실험을 살펴보자.

보스턴 지역 시인들을 대상으로 진행된 실험에서 시인들은 일주일에 여섯 시간 정도 시를 썼고, 평균 네 편에 가까운 시를 발표했다. 실험 참가자들의 동기 요인이 창의성에 어떤 영향을 미치는지를 확인하기 위해, 애머빌 교수는 총 동기를 임시로 재구성했다. 시인들에게 '눈snow과 웃음'을 주제로 하이쿠 형식의 시를 쓰도록 했고, 시를 완성하면 시를 쓴 이유(동기)에 대해 중요도 순으로 순위를 매기도록 했다. 이때 한 그룹(총 동기가 높은 그룹)은 "글을 쓰는 것에 즐거움을 느낀다" "자신을 표현할 기회가 주어지는 것을 좋아한다"와 같은 직접 동기가 적힌 목록을 받았고, 다른 한 그룹(총 동기가 낮은 그룹)은 "선생님과 부모님이 글쓰기를 권했다" "베스트셀러

소설과 시집 덕분에 재정적으로 안정되었다는 이야기를 들은 적이 있다" 등 간접 동기가 나열된 목록을 받았다. 시의 창의성을 평가한 심사위원 열두 명은 실험군에 관한 자세한 과정을 전해 듣지 못한 채 시를 읽었고, 총 동기가 높은 그룹이 그렇지 않은 그룹에 비해 창의성이 26퍼센트 뛰어난 것으로 평가했다. 사람들은 다양한 요인으로 동기를 부여한다. 누군가에게는 인센티브가, 누군가에게는 개인적인 만족감이 우선된다. 그렇기에 리더에게 저마다의 동기부여는 아무리 성과와 직접적인 관련을 갖는다 해도 끌어올리기 쉽지 않은 과제이다.

조금 더 보충하자면 총 동기motivation는 일을 하는 즐거움과 의미 같은 직접 동기가 높은 수준을 유지하고, 외부 보상이나 압박 같은 간접 동기로 인한 심리적 압박감이 낮을 때 가장 높아진다. 이는 정신건강의학이나 심리학에서 바라보는 '성과를 낼 때 필요한 요인'과도 어느 정도 일맥상통한다. 개인적인 동기가 강할수록 스트레스, 번아웃, 불안과 같은 부정적인 감정을 잘 극복해 목표에 다가갈 확률이 높아지듯이 말이다. 비슷한 측면으로 산업심리학에서는 기업 혁신을 이루려면 구조적 변화, 새로운 기술 도입, 인적자원의 지속적인 혁신 행동이 중요하다고 보는데, 여기서 말하는 인적자원의 혁신 행동은 결국 조직원 개인의 자발적 의지인 '동기'가 있어야 촉진된다.

　조직의 목표가 곧 동기가 되어야 하는 사회에서 개인의 직접 동기를 어떻게 충족할 수 있을까? 사람마다 원하는 게 다르기에 정확히 예측할 수 없지만, 리더가 신경 쓸 수 있는 한 가지는 긍정적인 인간관계를 형성하는 것이다. 특히 조직 내에서 리더와 구성원 간의 끈끈한 관계는 중요한 역할을 한다. 리더와 직원이 정기적으로 개별적인 피드백을 주고받고 서로의 목표와 기대를 명확히 이해한다면, 조직원 개개인의 수행력도 향상될 수 있다. 이런 관계는 개인의 직접 동기를 충족시키고 조직의 목표와 개개인 동기 사이의 차를 줄이는 데 도움이 된다.

　나는 여기서 한 발짝 나아가 리더 위치가 아닌 사람들도 관계 스트레스를 해결할 코칭 개념을 꼭 알아두라고 얘기하고 싶다. 사람들 대부분은 관계 스트레스를 두려워해 혼자서 일하는 게 더 효율적이고 편하다고 생각하지만, 실제로는 그렇지 않을 때가 많다. 혼자 일할 경우, 관계에서 오는 장점을 경험할 수 없을뿐더러 모든 결정과 책임을 스스로 져야 한다. 이로 인한 압박감은 스트레스와 번아웃을 유발할 수 있다. 이

는 결국 개인의 동기와 생산성을 떨어뜨린다.

조직, 즉 조직문화는 이제 단순히 업무를 분담하는 차원을 넘어 '어떻게 하면 서로가 가진 역량을 극대화하고 창의적인 에너지를 발휘할 수 있을까?'로 나아가야 한다. 협업과 긍정적인 인간관계는 개인의 스트레스를 줄이고, 직접 동기를 높이는 데 중요한 역할을 한다. 이를 통해 조직원 개개인의 수행력이 향상되고, 전체적인 성과도 개선될 수 있다. 결국 성과 코칭은 리더뿐 아니라 모든 구성원에게 필요한 셈이다.

실제 연구 결과에 따르면 현대사회에서 성공하는 사람들, 그중에서도 고성과자들은 혼자보다 팀과 함께 일하는 방식을 선호한다고 한다. 설령 팀이 없는 1인 사업가라고 해도 다양한 외주 전문가와 협업하며 효율적으로 근무한다. 내가 아닌 다른 누군가의 관점과 아이디어를 공유받으면 더 효과적인 결과를 도출할 수 있기 때문이다. 감정적으로도 이점이 많다. 협력적 환경이 갖춰진다면 일에 대한 만족감, 성취감은 증가하고 스트레스와 번아웃, 타성과 같은 감정적 피로도는 줄어드는 경향을 보인다. 이때 조심해야 할 부분은 팀 내 갈등이다.

같이 일하는 사이에서 갈등은 사실 피할 수 없는 부분이다. 하지만 '갈등'을 무조건 부정적으로 볼 필요는 없다. 건강한 갈등을 인정하는 조직문화, 갈등 후 '관계의 힘'으로 해독제를 줄 수 있는 조직은 오히려 팀 발전과 성장을 촉진한다. 그렇기에 실리콘밸리에 속한 세계적인 기업 구글, 넷플릭스 같은 곳들은 회의 시간에 창업자와 큰 소리로 논쟁하더라도 그 분위기를 격려한다.

이렇듯 리더는 팀의 성장을 돕는 건강한 조직문화에 늘 신경 써야 한다. 심리 상담, 직업 컨설팅 전문가이자 임상 심리학자인 헨리 클라우드Henry Cloud 박사는 조직을 건강하게 유지하기 위한 조건으로 '바운더리'를 설정해야 한다고 말한다. 바운더리란 조직에서 창출하거나 허용하는 특정 경계선을 의미한다. 어떤 목표나 목적을 세워서 나아갈 때 허용되는 행동과 허용되지 않는 행동을 정하는 일, 그리고 허용되지 않은 일을 했을 때 그 행동에 책임을 지는 게 바운더리의 핵심이고, 리더는 늘 이 부분을 고민해야 한다. 한 회사의 일화를 예로 들어보자.

IT회사를 운영하는 C 대표는 고민이 생겼다. 창업 멤버인 D 씨가 최근 동료들과 관계가 좋지 않아서 그 스트레스로 퍼포먼스가 급격히 떨어졌기 때문이다. D 씨는 동료들이 자신을 따돌리고 업무를 방해한다고 생각했다. 그로 인해 집중력이 떨어지고 의욕이 꺾인다며 C 대표에게 호소했다. C 대표는 어떻게 해야 할지 몰라 고민했고, 나에게 D 씨의 퍼포먼스 코칭을 의뢰했다.

좋은 팀워크를 자랑하던 회사였음을 알기에 내가 보기에도 이 문제는 심각해 보였다. 나는 회사 구성원과 D 씨를 모두 면담했지만, 직접적인 따돌림이나 두드러진 관계 갈등을 찾기 어려웠다. 이럴 때는 감정에 주목해야 한다. 나는 주변 상황을 극단적으로 받아들이고 있는 D 씨의 감정에 주목했다. 혹시라도 D 씨가 지속적인 압박감이나 스트레스로 부정적인 감정에 압도된 상태라면 타인의 반응에 과민 반응할 수도 있다고 판단했기 때문이다. 그래서 그의 부정적인 감정이나 스트레스가 어디서 기인했는지를 살피면서 감정 조절을 시도했다. 불안감이 줄어들자 그는 다시 자기 업무를 수행할 수 있는 상태가 되었고, 팀워크도 회복됐다.

퍼포먼스 코칭 효과도 있었지만, 나는 여기서 C 대표의 대처가 큰 역할을 했다고 본다. 보통 팀 내에서 갈등이 일어났을 때 그것 자체를 피하거나 부서 이동과 같은 단발적 결론을 내는 리더도 있다. 하지만 C 대표는 이 갈등에 정면 대응하는 방법을 택했다. 그리고 D 씨와 팀원들에게 각각 서로 하지 말아야 행동을 제시했다. 보통 회사나 대표들이 직원의 퍼포먼스 코칭을 의뢰하는 경우, '바운더리' 설정을 회피하려는 경향을 보인다. C 대표는 지금까지 우리 퍼포먼스 코칭 팀에 꾸준히 자문하며 조직문화를 개선해 왔다. 그래서인지 팀워크가 무너질 수도 있는 상황에서 적절히 개입했고 문제는 잘 해결되었다.

위의 사례로 살펴봤듯이 퍼포먼스 코칭에서 리더의 역할은 꽤 중요하다. 팀워크란 기본적으로 업무를 적절히 분담하고 이행하는 것, 조직원들 간의 원활한 의견 조율, 최적의 의사결정에 이르는 전 과정을 의미한다. 이 과정 과정에서 리더는 조직원의 감정을 섬세히 살필 필요가 있다. 그런 의미에서 리더는 팀원들을 섬세하게 파악하고 코칭할 수 있어야 한다. 이 말이 그들이 걱정하는 모든 문제를 걱정하라는 뜻은 아니다. 바운더리 개념을 설명한 헨리 클라우드 박사는 스트레스를 주지 않고 가혹하게 굴지 않으면서 팀원들에게 충분히 기대 사항을 전달할 만한 한 가지 방법을 짚어줬다. "문제에 대해서는 강하게, 사람에게는 부드럽게"라는 조언이다. 공감 어린 말투 하나만으로도 관계를 더 부드럽게 풀어갈 수 있음을 기억하자.

꼭 리더가 아니더라도 하나의 목표를 바라보며 협업할 때 주의해야 할 사항이 또 있다. 똑똑하게 일하고, 지치지 않으려면 '잘 거절하는 법'도 중요하다. 원칙 있는 협업이 이뤄지려면 더더욱 그렇다. 특히 상대에게 실망감을 안기고 싶지 않거나 부정적인 평가를 받는 게 두려울 때 우리는 더 거절이 어려워진다. 일 자체를 걱정하는 것이 아니라 상대방의 반응을 지나치게 걱정하고 있다면 이는 '부정적인 평가에 대한 두려움'에 해당한다. 이게 지속되면 일하는 과정이 유난히 버겁게 느껴질 수 있고, 결국 성과에 부정적인 영향을 미친다.

직장인 E 씨는 예스맨이다. 타 부서에서 요청이 들어오면 거절하는 법이 없다. 그래서 주변 평판도 늘 좋았다. 그런데 문제는 같은 팀 팀원의 결원이 생겨 E 씨의 업무량이 많아지고, 그에 따른 스트레스 지수가 높아지면서 시작됐다. 그럼에도 E 씨는 타 부서 협업 요청을 거절할 수 없어서 모두 받아들이고 야근하며 버텼다. 그러다 더 이상 버티지 못하고 약속 기한을 지키지 못하는 횟수가 늘었다. 그런 상황에도 적절히 거절하지 못해 자기가 원래 맡은 업무마저 해내지 못하는 상황이 되었고, 타 부서 사람들의 일정에도 악영향을 주기 시작했다. E 씨는 회사와 다른 사람들을 지나치게 생각한 탓에 오히려 폐를 끼치는 역설적인 결과를 낳았다.

자신의 업무 효율을 살피며 중요도에 따라 협업 원칙을 세워야 한다. 적절히 거절하면 맡은 일을 더 잘 끝낼 수 있고 다른 팀원도 도울 수 있다. 목표 달성에 초점을 맞춰 판단하면 거절하는 어려움은 오히려 팀 전체로 봤을 때 좋은 결과를 가져온다. 더 많은 이들이 마음 편한 혼자보다 팀과 함께 치열하게 노력하고 소통하길, 그렇게 하나하나 성과를 이루는 가치 있는 경험을 누리길 바란다.

빠르게 시작하고
천천히 걸어가라

　게으른 완벽주의자들이 종종 하는 말이 있다. "나는 아무것도 시작하지 못하고 있다." 이런 푸념을 자주 듣다 보니 사람들이 미루는 다양한 이유를 깊이 알게 되었다. 그들의 이야기에 귀를 기울이며 《오늘도 시작하지 못하는 당신을 위해》라는 책도 썼다.
　이 책은 완벽주의자를 위한 내용이었지만, 꼭 완벽주의자가 아닌 독자들도 이 제목에 공감한다는 이야기를 들었다. 그만큼 선택의 순간에 망설이고 주저하는 사람들이 많은 듯하다. 이렇게 시작 앞에서 망설이는 사람들은 잘하고 싶은 마음이 누구보다 강한 경우가 많다. 좋은 결정을 위해 심사숙고하며 오래 망설일수록 오히려 만족할 만한 결과와 멀어진다니 조금 이상한 일이다. 미루는 자신이 싫어져서 감정은 더욱 요동친다.

계속해서 미루고 싶지만, 인생에서 무언가를 시작해야 하는 순간은 늘 찾아온다. 주변에서 성과를 내는 사람들은 유난히 결단력이 좋아 보이고, 선택도 추진력도 빠르고 정확해 보인다. 그들은 빠르게 시작하고 꾸준히 목표를 향해 나아간다. 하지만 그들이 목표로 향해 가는 모든 순간이 빠른 것은 아니다. 추진력과 결단력보다 중요한 건 미루지 않고 빠르게 선택한 뒤 꾸준히 나아가는 자세이다. 지금부터는 이 비밀을 풀어보려 한다.

가장 먼저 이렇게 질문하고 싶다. 쉽게 시작하고 끝까지 방향을 잃지 않는 사람들은 타고나길 의지가 강한 사람일까? 의지력은 우리 몸의 에너지처럼 물리적으로 측정할 수는 없지만, 내면에 존재하는 특정 힘이다. 건강하고 싶어서 영양소를 골고루 섭취하고 운동으로 기초 체력을 쌓는 것처럼, 의지력 또한 고정된 힘은 아니다. 관리와 연습을 거듭하면 작심삼일로 그치던 수행 능력이 조금씩 늘어난다. 성과와 성공을 조급하게 좇는 게 아니라 차분하고 꾸준히 과정에 몰입하면 어느 순간 성공에 도착할 수 있다. 애초에 가벼운 마음으로 시작하면 과정에서 큰 힘을 들이지 않고 속도를 붙일 수도, 적절한 방법으로 의지력을 보충할 수도 있다.

철저한 자기관리로 수행 능력을 높이는 대표적인 모델은 프로 운동선수들일 것이다. 어느 스포츠 분야든 운동선수가 훈련할 때 최종 목표로 삼는 지점은 경기 당일이다. 그날 경기력을 위해 오랜 훈련을 참고 견딘다고 해도 과언이 아닌데, 이들의 의지는 아무나 흉내 낼 수 없는 타고난 재능처럼 보인다. 하지만 운동선수들은 단순히 운동기능, 체력과 같은 신체적·생리적 요인만을 훈련하는 게 아니라 심리적으로도 쉽게 흔들리지 않도록 철저하게 계획을 짜고 실천을 습관화하려 노력한다. 실행할 수 있을 만한 계획을 짜고, 미루지 않고 시작해 유지하면 선수 능력은 향상된다. 타고난 기량 차이 외에도 부상이나 외부 통제할 수 없는 여러 요인을 뛰어넘어 특별한 수행 능력을 드러내려면 의지력과 같은 심리적 요인을 반드시 관리해야 한다.

자기관리 잘하기로 유명한 운동선수로는 일본 야구선수 오타니 쇼헤이가 있다. 그는 이미 기량이 뛰어난 선수지만, 매 시즌마다 새로운 기술과 전략을 도입해 꾸준히 성장하는 것으로도 유명하다. 자신의 훈련과 식단을 데이터 기반으로 분석해 퍼포먼스를 높이는 등 꾸준히 자신을 점검하는 것으로 알려졌다. 어느 인터뷰에서 "좋아하는 일을 열심히 할 수 있는 재능 하나뿐"이라고 자신의 강점을 밝힌 그는 고등학교 선수 시절부터 만다라트 계획표를 활용해 왔다고 한다.

출처 | 《만다라차트 실천법》, 마츠무라 야스오 지음, 시사문화사 펴냄

　　만다라트 기법은 브레인스토밍이나 마인드맵처럼 두뇌 활용을 높이는 사고 및 학습 기법으로 일본 경영 컨설턴트 마쓰무라 야스오 씨가 개발했다. 만다라트 계획표를 작성할 때는 3×3칸으로 된 사각형을 가로 3개, 세로 3개씩 총 9개 배치하고 가운데 9칸짜리 사각형 중앙에 해결하고 싶은 문제

와 핵심 목표를 적는다. 그리고 그 주변 칸에 하위 주제 8개(A~H)를 적는데, 이 주제는 가운데 사각형을 둘러싼 나머지 8개 사각형 중앙에 들어갈 하위 주제와 같다.

마츠무라 야스오 씨의 저서 《만다라차트 실천법》에서는 이 하위 영역을 건강, 비즈니스, 경제, 가정, 사회, 인격, 학습, 유희로 정의하고 있다. 각 영역의 정의는 현재 자신이 가장 이루고 싶은 목표에 따라 조금씩 달라질 수 있다. 각각의 영역에 자신의 꿈과 희망, 목표 등을 적어 넣으면 계획을 실천하는 데 도움이 된다.

이런 과정 안에는 당연히 무수히 많은 실패가 포함된다. 변화하려고 노력하면서 자기 행동을 수정하고, 결과를 조금씩 바꿔나가는 과정이기 때문이다. 심리적인 부분을 조절하고 통제하는 과정은 흡사 새로운 지식을 배우고 익히는 학습 과정과도 닮아있다. 운동선수들이 자기관리를 실천할 때 신체, 생활, 정신, 기본 훈련 영역을 지켜나가는 것처럼, 공부나 조직에서 수행해야 할 업무를 대할 때도 마찬가지 접근이 필요하지 않을까 하는 게 내 생각이다. 아래는 내가 임의로 설정해 본 개인적인 목표다.

학회 학술 활동	최신 논문 읽기	CBT 치료 매뉴얼 고도화	정기적 회의	개발팀과 의료진 협업	팀 목표 설정	마음 챙김 명상	규칙적 운동	독서
지속적 임상 경험 축적	지속적 CBT 학습	프로그램 개발	상호 존중	팀워크	조직문화	실패 재인식	멘탈	이완 훈련
CBT 책 번역, 출간	북리딩	CBT 슈퍼비전	팀원 코칭	팀원들 신뢰 구축	성과 공유 및 피드백	포기하지 않는 연습	바꿀 수 없는 것 수용하기	90일 감정 노트 작성
프로젝트 일정 관리	비용 및 예산 관리	개발 회의	지속적 CBT 학습	팀워크	멘탈 (mental)	규칙인 아침 운동	건강한 식단 관리	충분한 수면
서버 운영	IT 기술 개발	사용자 테스트	IT 기술 개발	디지털 인지행동 치료 프로그램 개발	건강 관리	스트레칭	건강 관리	루틴 유지
디자인	결제 시스템	대시보드 및 통계 시스템 구축	프로그램 고도화	화목한 가정	재충전과 여가 활동	환경 관리	수분 섭취	정기 검진
사용자 만족도 조사	치료자 요구 사항 분석	버전 업데이트	정서적 지지	커뮤니티 운영	캠핑	독서	서핑	음악 듣기
개인정보 보안	프로그램 고도화	프로그램 사용 가이드 제작	아들과 수영	화목한 가정	아들과 독서	스파	재충전과 여가 활동	여행
사용자 유지율 분석 및 개선	사용자 행동 분석	지속적 모니터링	부모님과 시간 보내기	대화 시간 확보	매년 가족 나무 심기	친구들 만나기	수영	산책

내가 속한 연구팀이 개발 중인 디지털 인지행동 치료 프로그램을 중심으로 만다라차트 계획표를 작성한다고 했을 때, 최종 목표는 이 프로그램을 무사히 잘 개발하는 데 있다. 그때 필요한 각 분야를 하위 영역으로 나누면 그 영역별로 또 다른 세부 목표가 파생된다. 디지털 인지행동 치료 프로그램

은 공적인 일이지만, 일을 하는 사람은 개인이기에 멘탈 관리 등 몇 가지 영역에서는 당연히 사적인 부분의 챙김과 그에 따른 목표가 발생한다.

엄청난 성과를 원할 때 한방의 비법 같은 건 없다. 결국 자신의 페이스를 이어가며 꾸준히 노력하는 방법뿐이다. "교과서 중심으로 공부했어요"라는 수능 만점자 인터뷰는 거짓이 아닌 셈이다. 성적을 높이고 싶다면 킬러 문항을 짚어주는 일타 강사를 찾을 게 아니라 자기 전략을 세우고 거기에 맞춰 빠르게 시작하고 천천히 나아가자.

이렇게 보면 작심삼일을 두려워하거나 시작을 미룰 필요가 딱히 없어 보이지 않는가? 더 준비해서 잘하려는 계획을 촘촘히 세우는 것보다 우선 시작하는 게 유리해 보인다. 나를 둘러싼 압박감의 허들이 확 낮아지기 때문이다. 무엇보다 시작이나 결정을 미루는 행동은 내 앞으로 다가올 수많은 기회를 놓치는 결과를 초래할 수 있다. 우리가 무수히 겪어왔던 시험 전날을 떠올려 보자. 한두 달 전에 미리 시험공부를 시작했다면 전날 막 책을 펼친 사람이 느낄 절망감을 피할 수 있다. 회사 업무도 마찬가지다. 모든 일에는 마감일이 있고 그날을 기준으로 역순 계획을 세웠다면 막막하더라도 일단 시작해 보길 권하고 싶다. 그래야 프로젝트 마감일 전날 밤새며 컨디션을 무너뜨리는 최악의 선택을 피할 수 있다.

시작해야 할 때임을 알면서도 잘 움직여지지 않는다면 압박감이나 두려움이 원인은 아닌지 마음 한구석의 감정을 살펴봐야 한다. 이전 책에도 적었지만, 나도 그런 사람 중 한 명이다. 첫 책을 쓸 때는 노트북을 켜고 늘 망설였다. 좋은 글을 쓰고 싶은 마음에 생각하고 쓰고 지웠다 또 쓰기를 반복했다. 초고 원고가 나오기까지 망설이는 시간이 가장 길었다. 지금 생각해 보면 무서웠던 것 같다. 내 글이 책을 출판할 정도에 미치지 못하면 어쩌나 하는 마음이었다. 평가를 지레짐작하느라 불안 및 두려움을 느꼈고, 그 때문에 꾸물거리는 행동 procrastination을 하게 된 것이다. 하지만 이제는 생각이 달라졌다. 망설이고 망설이느라 초고를 영영 완성하지 못하는 것보다 원고량에 맞춰 일단 써 내려간 뒤 여러 번 고치고 보충하는 것이 오히려 원고 질을 높인다.

완벽한 준비나 완벽한 시작은 없다. 최대한 빠르게 시작하고 차분히, 꾸준히 나아가면 된다. 신기하게도 두려움을 이겨내고 빠르게 시작하는 연습을 거듭할수록 자신감과 주의 집중력이 향상된다. 생각과 감정, 행동을 조절하고 목표를 달성하고자 스스로 통제하는 능력, 즉 자기관리 정신 영역이 자기도 모르게 발달하기 때문이다. 단, 한 가지 전제는 필요하다. 결전의 날보다 훨씬 여유롭게 자기관리를 시작해야 한다는 것. 경제에서만 복리의 마법이 적용되는 건 아니다. 자기관리와 노력의 힘은 빨리 시작할수록 속도가 붙는다.

스포츠 영역에서도 새로운 기술을 습득하고 훈련하기에 가장 적합한 시기는 시간적 여유와 승부의 압박감이 상대적으로 적은 비시즌, 즉 경기를 앞두지 않았을 때다. 선수들은 새로운 훈련 및 심리기술을 완전히 이해하고 시합에 적용하기까지 최소 몇 주의 시간이 필요하다고 한다. 우리 뇌의 습관이 바뀌는 데도 일정 시간이 필요하다. 미루다가 시작이 늦어져 조급해지지 말고 평소에도 결전의 날처럼, 결전의 날도 평소처럼 하는 것이 중요하다.

생각보다 빨리 성과가 나지 않아서 혹은 주변과 비교하느라 조바심이 날 수도 있다. 그렇다면 주변을 의식하지 않고 내 속도로 천천히, 꾸준히 나아가는 방법을 알아두자. 이때 기억해 두면 좋은 게 바로 학습 곡선learning curve이다. 학습 곡선은 인간이 어떤 작업을 수행할 때 시간마다 어떻게 변화하는지를 도식화한 표로, 작업이 익숙해지기까지 시간이 걸린다는 사실을 증명하는 지표이기도 하다. 어떤 일을 시작했을 때 처음에는 버벅대고 실수하느라 제대로 완수하기까지 시간이 꽤 걸리지만, 작업이 익숙해지면 수행 시간이 확 줄어든

다. 물론 그 일을 계속 수행했다고 해서 능률이 언제나 상향하지는 않는다. 최초 학습을 시작했을 때는 성과가 미비하다가 갑자기 가시적인 효과를 보이는 시기가 있고, 몇 차례 학습을 거듭해도 곡선이 지지부진할 때도 있다. 성장이 계속되는 상황이 비현실적이라는 사실을 학습 곡선이 보여준다.

한편 학습 곡선을 제대로 이해하는 것은 실패나 더딘 성장을 수용하며 나아가는 전략이 얼마나 중요한지를 역으로 깨닫게 한다. 이는 기업에서도 환영받는 방식으로, 실리콘밸리에서 이미 성공을 거둔 제품 개발 프로세스 전략 린 스타트업Lean Startup을 예로 들 수 있다. 이 전략은 계획한 바를 빠르게 시작하고 지속적인 피드백 과정을 거치는 게 특징이다. 빠른 시작, 지속적인 피드백은 결과적으로 문제가 될 만한 요소를 꾸준히 개선한다. 완벽한 제품을 출시하기 이전에 최소한의 기능을 가진 제품(최소 기능 제품, Minimum Viable Product)을 빠르게 출시해 사용자들의 피드백을 받는 식이다. 최소 기능 제품MVP이 소비자 요구에 적합하지 않을 경우, 피드백을 기반으로 사업 방향을 전환pivoting하거나 과감히 포기하고 새로운 접근을 시도한다. 지속적인 제품 개선은 소비자의 만족도를 높이고, 그들에게 더 나은 제품을 만나게 될 거라는 확신을 준다. 그 브랜드와 제품, 서비스가 가진 고유성을 좋아하는 고정 소비자가 생길 수도 있다는 얘기다. 스타트업 소속

팀원들도 상품을 개선하며 완성해 나가는 과정을 직접 경험하기에 일에 성취감을 느낄 수 있다.

내가 속한 와이디 퍼포먼스 연구팀에서 치료를 목적으로 개발한 디지털 퍼포먼스 코칭 프로그램도 이와 유사한 방식으로 연구해 만들어 가고 있다. 물론 준비가 완벽하지 않은 상태로 시작해 개발 과정에 실패도 많았고 아직은 우리가 꿈꾸는 수준에 다다르지 못했다. 그렇지만 우리 팀은 기존에 오프라인 중심으로 이뤄졌던 상담과 코칭을 디지털 방식으로 효율적으로 제공한다는 면에서 만족하고 있다. 또한 지역과 시간적 제한에서 자유롭게 코칭을 제공한다는 핵심 기능은 유지되면서, 나머지 기술 영역들도 고도화되고 있으니 일하는 동안 성취감과 즐거움을 느낄 수밖에 없다. 다른 디지털 헬스 케어 회사와 비교하면 기술 개발의 진행 속도는 느리지만, 인지행동 기법을 바탕으로 개발한, 실질적 효과가 기대되는 프로그램이라는 측면에서 나와 팀원들은 확신을 품고 일하고 있다.

린 스타트업 전략을 활용하는 기업들은 빠른 시도와 실패에 먼저 칭찬을 보낸다. 이는 목표를 품고 성장하려는 용기를 높이 평가하기 때문이다. 빠르고 작은 실패가 없다면 회사는 추후 더 큰 손해를 감수해야 할지도 모른다. 조직 입장에서 이런 접근은 당연히 칭찬받아야 마땅하다. 린 스타트업은 반복되는 실험과 제품 테스트 과정에서 발생하는 비용, 시간을 줄여 낭비를 최소화한다. 망설임이나 꾸물거림으로 시도조차 하지 않으면 오히려 성장 기회를 놓치는 셈인데, 빠른 시도는 이런 손실도 막아준다. 스타트업 전략에서만이 아니라 우리 모두에게 필요한 자세라는 생각이 든다.

2부 | 퍼포먼스를 높이는 감정 구조

"측정할 수 없으면 관리할 수 없고,
관리할 수 없으면 개선할 수 없다."
— 경영학자, 피터 F. 드러커

다시 생각하기

냉철한 이성과
따뜻한 감정의 힘

　1부에서 살펴본 것처럼 우리가 생각하는 성공적인 모습은 냉철한 이성, 판단력만으로 이뤄지지 않았습니다. 오히려 감정이 일의 과정과 결과에 큰 영향을 줬어요. 사람들은 흔히 긍정적인 성격을 타고나서 기쁘게 일하는 사람만이 행복을 느낄 수 있다고 생각합니다. 하지만 나와 타인의 감정을 인식하는 능력, 필요한 상황에 내 감정을 적절히 조절하는 능력을 갖추면 오히려 생각의 전환이 매끄러워지고 원하는 목표에 다가서기도 쉬워집니다.
　우리가 '성격'이라 규정하는 부분은 선천적인 기질과 후천적인 환경 요인의 결합입니다. 후천적인 부분은 감정이 반복된 결과라고도 할 수 있어요. 자라면서 자극과 불안에 대처하는 방식 및 경험이 쌓이는데, 그 경험이 성격 형성에 영향을 줍니다. 즉, 경험으로 형성된 성격과 스키마(세상을 바라보는 틀)가 개인의 행동 패턴과 감정에 영향을 주는 것이죠. 이 복잡한 관계를 잘 파악하면 자주 느끼는 감정의 종류, 성격과 행동이 조금씩 달라질 수 있지 않을까요?

  2부에서는 높은 성과를 내고 싶을 때 어떻게 감정을 인식하고 잘 다룰 수 있는지, 그 핵심에 더 가까이 다가가 보려 합니다. 심리적 특성, 행동 경향성에 영향을 주는 성격을 내가 원하는 모습에 가깝게 바꾸고 싶다면 널뛰는 감정의 속성을 정확히 파악하는 일이 우선입니다. 싫은 감정이든, 좋은 감정이든 우리가 느끼는 모든 감정은 저마다 존재 이유가 있기 때문이에요. 그 사실을 깨달으면 고통, 불안, 질투와 같은 불편한 감정이 나를 덮쳐도 마냥 불편하지만은 않을 거예요. 상황에 필요한 솔직한 감정은 결국 나를 위한 반응이니까요.

  감정은 어디에서 와서 어디로 가는 걸까? 감정의 속성과 패턴을 이해하면 그것이 어떻게 성과로 이어질까? 감정을 제대로 아는 일이 정말로 더 나은 내가 되는 길로 연결될까? 여러 의문이 들 수 있습니다. 한 가지만은 확실히 말씀드릴 수 있습니다. 내 감정과 패턴을 이해하면 이전보다 마음이 편안해지고, 자기가 가진 최대치 능력을 안정적으로 발휘할 수 있을 겁니다.

나를 힘들게 하는 감정을 파악하라

나는 어릴 적부터 뭐든 잘하고 싶던 아이였고, 늘 성공과 성과에 관심이 많았다. 그래서 자연스럽게 성과를 내는 사람들의 비밀에도 관심을 두게 되었다. 정신건강의학과 전문의가 된 이후에는 인지행동 치료 관련 연구와 공부를 이어가면서 '퍼포먼스 코칭'이란 개념에 주목했다. 퍼포먼스, 즉 성과를 높이는 코칭은 조직 심리학 용어로 1960년대 미국 기업 및 비즈니스 분야에서 최초 적용되었다. 1880년경에는 스포츠 분야에서 선수의 역량을 높이는 지도 개념으로 활용했다. 이 개념이 리더, 직원 간 성과 관리, 즉 경영조직으로 확대된 건 1950년대 이후이다.

흥미롭게도 자신이 하는 일에서 지속적인 성과를 내는 사람들은 무엇보다 감정이 스트레스의 영향을 덜 받는 것으로 나타났다. 성과 전문가 브래드 스털버그Brad stulbug와 육상선수 코치인 스티브 매그니스Steve Magness가 함께 쓴 책《피크 퍼포먼스》에서 소개한 한 연구를 살펴보자. 엘리트 수영선수와 기록이 평범한 수영선수 200여 명을 대상으로 시행한 이 연구는 이들의 스트레스 상태에 주목했다. 두 그룹의 신체적, 정신적 스트레스 지수가 크게 다르지 않은 상황에서 평범한 선수는 '스트레스는 피하거나 무시하고 억눌러야 한다'라고 응답했다. 반면 엘리트 선수들은 스트레스로 발생하는 부정적인 기분이 경기에 도움이 될 것이라 여겼다. 스트레스로 생리적 흥분도가 높아지면 그것이 폭발적인 경기력으로 이어진 것이다.

이 연구에 등장한 엘리트 선수들은 '스트레스'라는 파도를 없애거나 피해야 할 대상으로 바라보지 않고, 파도의 힘을 활용해야 한다고 여겼던 게 아닐까? 이어질 원고에서는 부정적인 감정이 우리 몸과 마음을 어떻게 상하게 하는지를 살펴보려 한다. 그 패턴까지 이해해야 감정 조절에 더 가까이 다가설 수 있다. 그러니 책을 완독하는 일을 포기하지 말고 조금만 더 힘을 내보자.

사람들은 자주 행복이란 감정을 오해한다. 우리가 느끼는 다양한 감정에 점수를 매길 수 있다면 행복한 상태는 분명 분노, 질투, 불안, 긴장과 같은 부정적인 감정지수가 '0점'일 것이라 여긴다. 또한 행복은 정상이고, 불행이나 고통은 비정상적인 상황이라 인식하며 이 보편적인 감정을 받아들이지 않으려 한다. 하지만 인간은 짧은 순간에도 한 가지 이상의 감정을 동시에 느끼는 존재라서 특정 감정을 배제하고 살아갈 수 없다.

우리 인간의 감정은 정말이지 미로처럼 복잡하다. 뇌과학 연구로 이미 밝혀진 뇌 기능과 감정의 연관성만 적어도 이 책을 끝마치기 어려울 것이다. 뇌 기능에 관한 글만 가득하다면 책을 끝까지 읽지 않고 덮을 독자가 늘어날 확률도 높다. 하지만 '마음의 모든 기능은 뇌 기능을 반영한다'는 에릭 캔들Eric Kandel의 말처럼, 감정을 이해하려면 뇌의 기초적인 부분을 먼저 알아야 하기에 최대한 간단히 정리해 보겠다.

1970년대 신경과학자 폴 맥린Paul MacLean이 발표한 삼위일체 뇌triune brain 이론은 인간의 뇌를 파충류의 뇌reptilian brain, 옛 포유류의 뇌paleomammalian brain, 새 포유류의 뇌neomammalian brain로 나눴다. 현대 신경과학 발전을 기준으로 더 정밀한 이해가 필요하지만, 삼위일체 뇌 이론은 뇌의 복잡성을 이해하는 데 기초적인 틀을 제공한다. 뇌줄기brainstem는 본능 및 항상성 관련 뇌 중심 부위이며, 삼위일체 분류 중 파충류의 뇌 부위다. 두 번째 변연계limbic system는 학습 및 감정 관련 부위(삼위일체 중 옛 포유류 뇌), 세 번째 대뇌겉질cerebral cortex은 의식적인 사고, 문제 해결을 담당한다(삼위일체 중 새 포유류 뇌).

감정 관련 중요한 뇌 부위는 변연계 중에서 편도체amygdala다. 편도체는 임신 8개월 태아 상태일 때 완전히 발달하기 때문에, 출생 전에도 우리는 두려움의 상태를 경험할 수 있다. 그리고 출생 후 몇 년 동안은 양육자에게 의존하며 성장한다. 그만큼 편도체는 위험 신호를 알아차리고 생존 반응을 받아들일 때 중요한 역할을 한다. 그렇기에 불안, 두려움 등의 감정과 연관성이 있다.

불안, 두려움 관련 편도체의 반응 경로는 두 가지다. 첫 번째는 시상에서 편도체로 직접 신호가 들어오는 방식이며, 반응 속도는 빠른 편이다. 이 반응은 반사적으로 위협을 피해야 하는 순간에 도움이 된다. 새로운 업무 담당자를 찾는 직장 상사의 말에 본능적으로 몸을 움츠리고 숨죽이는 행동은 우리가 그 상황을 반사적으로 '위협'이라 판단하고 반응하기 때문이다. 하지만 이성적 판단 없이 빠르게 본능적으로 반응하기에 때로는 오류를 범한다. 가령 발표를 앞두고 있을 때는 압박감을 강하게 느끼기 마련인데, 이때 청중들의 무표정을 무조건 부정적으로 평가할 수 있다. 반사적으로 판단해 불안 및 긴장감을 느끼지만, 그때를 지나 생각해 보면 진짜 위협적(부정적 평가)이었는지 아닌지 확신하기 어렵다.

두 번째 반응은 편도체로 신호가 들어오기 전에 전두엽frontal lobe과 해마hippocampus를 거친다. 전두엽이 천천히 전후 사정을 파악하고 지각과 행동이 적절한지를 평가한다. 앞에서 든 예에 다시 적용하면 발표가 끝나고 청중들의 무표정을 재검토하는 상황과 관계가 있다. 무조건 부정적으로 평가하기 전에 여러 가지 가능성을 떠올려 보는 것이다. '집중해서 듣는 표정일 수도 있겠다.' '괜히 오해해서 불안했구나.' '표정만 보고는 속마음을 알 수 없다.'

이렇듯 빠르고 자동적인 생각으로 감정이 발생하는 건 막을 수 없지만, 전두엽과 같은 이성적인 뇌를 활용하면 감정을 조절할 수 있다. 그리고 이 조절을 훈련하면 평소 습관적으로 발생하던 감정의 패턴도 어느 정도 바꿀 수 있다. 이 이론이 인지행동 치료의 기초가 된다. 이미 많은 연구에서 전두엽을 활용해 생각을 바꾸고 감정을 조절하면 편도체와 같은 뇌 활성도를 바꿀 수 있다는 사실이 증명되었다. 이는 우리 노력으로 감정을 조절할 수 있다는 의미이기도 하다.

우리가 일할 때 퍼포먼스(성과)를 제대로 발휘하지 못했다면 여러 요인 중 한 가지로 감정 상태에 주목해 보자. 언제나

노력하고 있고, 누구보다 부지런히 움직이는데 무엇이 잘못되었을까? 내가 불안해하고 긴장했기 때문일까? 내 능력이 형편없어서일까? 그렇지 않다. 알고 보면 평소 감정 습관 때문에 내 능력을 충분히 발휘하지 못했을 수 있다.

성과(성공)를 방해하는 대표적인 부정적 감정은 '불안'이다. 불안은 인간의 생존과 안전을 지키기 위해 존재하는 감정이다. 위험으로부터 우리를 지키는 신호이며, 이를 무시하지 않아야 우리가 안전하게 생활할 수 있다. 성공을 향한 불확실한 여정을 걷다 보면 누구나 불안의 신호를 듣는 순간이 많은데, 이 신호는 어쩌면 생에 꼭 필요한 부분일 수 있다. 그러나 너무 자주 울리면 브레이크처럼 작용해 오히려 목표로 가는 길에 걸림돌이 된다. 그렇다고 불안이 늘 성과를 방해만 하는 건 아니다. 여키슨-도슨 법칙에 따르면 과도한 불안은 수행 능력을 떨어뜨리고, 부족한 불안 역시 수행 능력을 방해한다. 그 말은 즉 적절한 '불안'이 우리의 수행 능력을 최적으로 유지하게 한다는 의미이기도 하다.

중요한 순간에 자신의 수행 능력으로 일의 성패가 갈린다는 인식으로도 불안감이 생긴다. 특정 상황에서 긴장, 스트레스로 압박감을 느끼면 두려움이나 불안감 같은 감정적 반응이 일어나기 때문이다. 압박감은 마음이 급해지거나 스스로 잘해야 한다는 생각에 휩싸였을 때 주로 느껴지는 감정이다. 압박감에서 벗어나서 좋은 성과를 내고 싶다면 역설적이지만 성과를 떠나서 내가 하는 일 자체에 몰입하려 노력해야 한다. 사람들도 몰입과 집중이 압박감의 해독제라는 사실을 잘 알고 있지만, 그 상태에 도달하는 사람들은 생각보다 많지 않다. 결과에 집착하지 않고 과정에 몰입하는 게 말처럼 쉽지는 않기 때문이다. 하지만 압박감의 감정을 잘 활용하고 목표에 도달하는 가장 빠른 방법은 결국 과정 자체를 즐기는 일뿐이다.

그다음으로 살펴볼 감정은 걱정이다. 누구나 걱정은 한다. 적절한 걱정은 위험을 대비하게 하고 좋은 결과를 내는 데 종종 도움을 준다. 하지만 걱정도 과도하면 자동차 공회전처럼 우리 몸의 에너지를 너무 많이 가져다 쓴다. 특히 과거나 미래를 과도하게 걱정하느라 할 일을 하지 못하는 건 성과와 멀어지는 가장 빠른 길이다. 과거에 대한 후회, 미래를 향한 부정적인 예측은 말 그대로 내 힘으로 바꿀 수 없는 부분을 걱정하는 것이기 때문이다. 어쩔 수 없는 일을 걱정하는 마음은 감정을 쉽게 부정적으로 만든다. 미국의 32대 대통령 플랭클린 루스벨트Franklin Roosevelt 또한 우리가 유일하게 두려워해야 할 건 바로 두려움 그 자체라 말하지 않았던가. '그때 그러지 않았더라면' '앞으로 또 이런 일이 생기면 어쩌지?'와 같은 걱정에 몰입할수록 걱정은 두려움을 낳고 사람들 마음은 위축된다.

  분노는 우리를 위협하는 대상을 마주했을 때 유발되는 불쾌한 감정이다. 그렇기에 감정이 향하는 대상이 분명하다. 투쟁-도피 반응에서 싸우는 쪽이 바로 분노의 감정인데, 이 감정은 잘만 활용하면 문제를 해결할 때 큰 에너지가 된다. 하지만 분노에 압도되어 그 감정을 조절하지 못한 채 행동하면 부정적인 결과를 낳을 뿐만 아니라 주변 사람들에게도 큰 상처를 입힌다. 잘 나가다가도 분노를 조절하지 못하는 사람들도 종종 눈에 띄는데, 이들은 공든 탑이 무너지듯 좋은 성과 앞에서 일, 관계 등 많은 부분을 놓친다.

  질투는 다른 사람이 잘 되거나 좋은 처지에 있을 때 그 상황을 미워하고 상대를 깎아내리고 싶어지는 감정이다. 그래서 질투라는 감정에는 분노, 슬픔, 두려움이 복합적으로 뒤섞여 있다. 기본적으로 미워하는 마음은 상대가 잘되지 않았으면 하는 마음에 공격적인 분노 감정이 섞인다. 동시에 질투는 스스로 더 잘하고 싶은 마음을 기본적으로 장착하고 있다. 그러니 당연히 누군가와의 경쟁에서 질 것 같은 두려움도 포함된다. 잘하고 싶은 마음이 클수록, 스스로 부족하다고 생각하는 열등감이 클수록 질투의 감정도 걷잡을 수 없을 정도로 거대해진다. 그만큼 잘만 다스리면 경쟁 상태에서 엄청난 에너지가 되는 감정이다.

압박감을 이기려면 현재에 몰입해야 하듯이 질투도 마찬가지다. 결국 상대방이 아닌 자신에게 집중하는 게 가장 빠른 해결책이다. 다른 사람과 자신을 비교하고 상대방을 깎아내리려 할수록 질투의 감정은 극대화하고 우리를 성공과 멀어지게 한다. 무엇보다 질투는 대인관계를 흔들고 팀워크를 방해해 자기뿐 아니라 조직 전체 성과를 떨어뜨릴 위험이 있다. 달성해야 할 목표나 집중해야 하는 업무보다 상대에게 분노와 공격성relational aggression을 쏟느라 성과에 쏟을 에너지가 부족해지기 때문이다. 만약 질투의 감정을 건설적으로 쓸 수 있다면 그 자체가 동기부여가 되어 성공의 초석이 된다.

지금까지 사람들이 대부분 '뛰어넘어야 한다' 혹은 '극복해야 한다'고 여기는 부정적인 감정들을 살펴봤다. 스트레스와 감정에 대한 인식 차이는 경기력과 성과를 결정짓는 중요한 요소이다. 그렇기에 자기 능력을 제대로 발휘하고 싶다면 이런 다양한 감정을 정확히 이해하고 조절하는 연습을 해보자.

부정적인 감정에
반응하는 몸과 머리

하루를 시작할 때 어떤 기분인지 생각해 본 적이 있는가? 어떤 날은 출근길에 내리쬐는 아침 햇살이 유난히 상쾌하게 느껴진다. 그런데 어떤 날은 해결되지 않은 전날 스트레스로 몸과 마음이 다 무겁게만 느껴진다. 사람들은 매일매일 다양한 감정을 경험하며 살아가지만, 그 감정이 몸과 마음에 어떤 영향을 미치는지는 제대로 인식하지 못할 때가 더 많다.

심리학에서는 감정의 조화를 이야기할 때 '일치성'이라는 개념을 종종 예로 든다. 칼 로저스Carl Rogers의 인간중심 치료 이론에서 말하는 일치성은 개인이 겪은 경험과 자아 개념이 서로 일치하는 상태를 의미한다. 여기서 '일치'란 현실적 자기와 이상적 자기가 얼마나 닮았는가를 의미한다. 자아 불일치 이론에 따르면 현실적 자기와 이상적 자아 사이에 존재하는 틈이 넓을수록 인간은 과장, 죄책감, 자기 비하 같은 부정적 감정을 발휘해 자기를 방어한다고 한다.

반대로 자기답게 살고자 하는 욕구가 강한 사람들은 심리적 유연성이 높아 그때그때 유연한 선택을 한다. 가끔은 자기 욕구에 충실히 반응하고, 어떨 때는 자기 욕구와 환경적 요인이 적절히 조화를 이루는 방법을 모색해 선택한다. 내면을 중요하게 생각하는 만큼 자기를 둘러싼 환경적 요인도 무시하지 않는 것이다. 이는 인지행동 치료 제3의 동향third wave인 수용전념치료ACT의 핵심 개념과도 일맥상통한다. 그래서 칼 로저스는 일치성을 '순간마다 자신의 마음속에 흐르는 감정과 태도에 개방적으로 반응해 진정한 자기 자신이 되는 것'이라 설명했다. 마음속으로 경험하고 인식된 부분이 표현과 일치할 때 우리는 스스로 조금 더 행복하다고 느낀다.

하지만 앞서 설명한 부정적인 감정에 압도된다면 어떻게 될까? 현실적 자아와 이상적 자아의 틈은 크게 벌어지고, 이는 부정적 감정의 심화로 이어진다. 결국 자아 통합은 멀어지고 개인의 정신건강에 부정적인 영향만 남는다. 단순히 감정과 심리만의 문제는 아니다. 감정으로 인한 압박감은 결국 스트레스를 유발하고, 그 순간 신체적 증상이 일어나기 때문이다. 스트레스 반응이 일어나면 몸속 아드레날린 분비가 급증한다. 그로 인해 심장 두근거림, 가쁜 호흡, 식은땀 분비 등 신체 불안 반응이 시작된다. 이 과정이 반복되어 스트레스가 지속되고 감정이 증폭하면 공황 발작panic attack과 같은 불쾌한 증상까지 나타날 수 있다.

 부정적 감정에 압도되는 신체 반응에서 벗어나고 싶다면 먼저 스트레스 반응 자체가 지극히 자연스러운 현상이라는 사실을 받아들여야 한다. 자율신경계 중 교감신경과 부교감신경은 상호작용하면서 몸의 긴장과 완화를 조절하는데, 교감신경계는 스트레스가 쌓였을 때 활성화된다. 사람들은 이런 신체 증상으로 생기는 불편함을 재빨리 없애려고만 한다. 그런데 이런 신체 반응은 긍정적인 감정에서도 찾아온다는 사실을 기억해야 한다. 잘해야 한다는 부담감 혹은 실수에 대한 걱정으로만이 아니라 좋아하는 일을 시작하기 직전이나 기대되는 상황 앞에서도 교감신경은 활성화된다. 이와 비슷한 긍정적인 반응을 우리는 '설렘'이라 부른다. 좋아하는 이성을 만나는 상황이나 첫 해외여행 직전에 느끼는 짜릿한 반응 등을 예로 들 수 있다. 긍정적인 감정이든 부정적인 감정이든 어떤 감정도 변화를 맞이하면 스트레스 반응을 일으킬 수 있고, 이 반응의 지속 시간은 대개 10분 이내이다.

 스트레스와 반응 메커니즘만 제대로 이해해도 신체 증상 및 감정 변화를 의연히 받아들이고 대처할 수 있다. 만약 이런 반응 상황이 지속되어 고통을 겪고 있다면 그건 아마도 뇌와 신체 반응에 지나치게 주목한 나머지 또 다른 걱정을 낳았을 확률이 높다. 걱정이 끝나지 않으면 스트레스 작용도 계속된다. 교감신경계에 오랫동안 불이 켜지면 긴장은 완화되지 않고 마음의 불편이 곧 몸의 불편 및 신체적 위축, 질병으로까지 이어진다.

감정을 효율적으로 조절하기 위해서는 먼저 감정의 본질을 이해해야 한다. 인간의 감정은 단순히 표면으로 드러날 뿐 아니라 무의식의 영향을 받는다. 그러므로 감정을 효율적으로 조절하려면 의식과 무의식의 상호작용을 먼저 이해해야 한다.

심리학자이자 의사인 프로이트는 인간의 정신세계를 의식, 무의식, 전의식으로 분류했다. 의식conscious은 우리가 현실 세계에서 지각하는 모든 부분을 포함한다. 생각과 감정 등 일상생활에서 결정을 내리거나 상호작용할 때 사용하는 영역이다. 전의식preconscious은 현재는 의식하지 않지만 노력하면 접근할 수 있는 부분이고, 무의식unconscious은 의식 밖에 있는 기억이나 욕망을 포함한다. 때때로 무의식은 불편하거나 불쾌한 성격으로 억압되어 있다. 이런 무의식은 꿈이나 말실수 등을 통해 드러나기도 한다. 프로이트는 이러한 무의식적인 말실수를 'Freudian slip' 또는 'slip of the tongue'라고 불렀다. 한 예로 동료의 성과를 칭찬하려다가 "너 정말 운이 좋았어"라고 무심코 말해버린 상황이라고 하자. 이때 주된 의도는 동료를 칭찬하려던 게 맞지만, 무의식 속 질투나 불안감이 말실수로 표출되었을 수 있다.

감정의 동요와 밀접하게 관련된 부분은 무의식이다. 전의식은 평소에 의식하지 않아도 노력하면 쉽게 접근할 수 있는 기억이나 정보로 구성되어 있으며, 감정과 생각의 중간 영역을 차지한다. 정신분석 치료에서는 전의식을 활용해 억압된 무의식 기억이나 감정이 의식으로 드러나도록 돕는 방식으로 환자와 상담을 진행한다. 잊고 있던 어린 시절 기억이 특정 장소를 지나칠 때 혹은 추억이 깃든 노래를 들을 때 문득 떠오르는 일이 있는데, 이런 게 바로 전의식이다.

인지행동 치료에서 말하는 자동적 사고는 의식적으로 바로 인지되지 않지만, 인간의 감정과 행동에 영향을 준다. 이 자동적 사고 또한 전의식에 포함된다고 볼 수 있다. 의식적으로 알아채지 못한 감정이나 생각을 곰곰이 떠올려서 자신의 사고 패턴을 이해하고 교정하는 것도 전의식 영역에서 일어난다. 그러므로 전의식을 탐색하고 수정하는 일은 심리적 문제를 효과적으로 다루도록 도와준다.

한편 감정을 무시하고 외면하는 게 이미 습관이 된 사람들도 많은데, 이 과정은 무의식과 관련이 깊다. 긍정적인 감정을 '부정적인 감정이 0인 상태'로 오해하고 있는 사람들은 좋지 않은 감정을 느꼈을 때 이유 불문하고 그 감정을 밀어내거나 막으려고 총력을 기울인다. 불안이나 스트레스 상황에서 자아를 보호하기 위한 무의식적 방어 전략을 방어기제defense mechanism라고 한다.

여러 형태로 나타나는데, 그중 억압repression은 고통스럽거나 불쾌한 생각, 기억, 감정을 무의식적으로 억누르는 과정이다. 예를 들면 중요한 시험에서 실패한 기억을 억압한 채, 이후 시험 때마다 극도로 불안감을 느끼는 경우다. 부정denial은 말 그대로 현실에서 인정하면 고통스러운 부분을 무시하거나 부정하는 것이다. 이는 불편한 현실이나 사실을 인식하지 않는 방법으로 심리적 고통을 피하려는 방어기제다. 암에 걸린 사람이 이를 받아들이기 어려워, 암이 아니라고 주장하는 상황을 예로 들 수 있다. 합리화retionalization는 불편한 상황이나 행동에 다른 이유를 대 정당화하려 한다. 시험에 떨어진 학생이 '이번 시험은 너무 어려워서 누구도 통과하지 못했을 것'이라고 말하는 식이다. 이 행동은 실패를 외부 요인으로 돌려 자신을 보호하려는 데 목적을 둔다. 퇴행regression은 스트레스 상황에서 어린 시절 행동으로 돌아가는 것을 의미한다. 회사원이 직무 스트레스를 심하게 받아서 어린 시절처럼 손가락을 빨거나 부모에게 지나치게 의존하는 행동을 보이는 상황을 예로 들 수 있다.

무의식 과정으로 일어나는 방어기제 반응은 억압처럼 순간 사고나 감정의 혼란을 잠재운 듯 느껴지지만, 길게 보면 오히려 부정적 감정을 증폭시킨다. 근본적으로 문제를 해결하는 것이 아니라 회피하는 방식이기에 억압된 감정은 무의식 속에 계속 누적된다. 감정이 사라진 건 아니라서 심리적 압력이 같이 증가한다고 봐야 한다. 그 결과 불안, 우울, 신체적 증상 등이 폭발적인 형태로 표출될 가능성이 높다. 무의식적으로 작동하는 억압, 회피 등의 방어기제는 현실을 왜곡하게 만들고 정신적 에너지도 소진하게 한다. 억압된 감정들이 장기간 누적되면 불안 장애, 우울증, 강박증과 같은 심리적 문제를 낳는다.

그렇다고 무의식이 감정에 부정적인 영향만 미치는 것은 아니다. 우리의 무의식은 '적응'이라는 측면에서 위력을 발휘한다. 무의식은 일상에서 생기는 미세한 스트레스를 자동으로 처리해 신체적 에너지 자원을 절약하려는 습성이 있다. 그만큼 인체를 스트레스에 노출되지 않도록 방어한다. 또한 습관화된 행동이나 패턴들을 자동화해 삶을 편리하게 한다. 테

슬라 자동차의 자동 주행 기능을 떠올리면 이해하기 쉽다. 걷기, 밥 먹기, 운전하기 등 너무 익숙해서 굳이 인식하지 않아도 되는 다양한 활동을 무의식적으로 수행하도록 돕는다. 덕분에 우리는 더 중요한 업무에 에너지를 쏟을 수 있다.

결론적으로 의식과 무의식, 전의식은 어떤 식으로든 감정과 연결된다. 감정emotion은 사건이나 상황을 해석하고 판단하는 과정에서 일어난 신체적, 행동적, 인지적 심리 반응이 긍정적으로 혹은 부정적인 형태로 표출되는 것이다. 인간이 한 순간에도 다양한 기분을 동시에 느낀다고 한다면 기분mood은 일시적이라기보다 지속적인 상태가 누적된 결과이다. 반면 느낌feeling은 특정 경험에 따른 뚜렷하고도 순간적인 상태를 의미한다. 이처럼 감정과 기분, 느낌은 각기 다른 성격을 가지지만, 의식과 무의식, 전의식과 깊이 연결되어 있다.

인지치료의 인지모델을 살펴보면 감정은 개인의 생각에 기인한다. 그리고 사람들은 저마다 생각하는 습관에 고유성이 존재한다. 이를 '스키마'라고 한다. 그 패턴이 어떤 상황을 마주하면 기존과 유사한 감정(자동화 사고)을 불러일으킨다. 우리 뇌는 외부 자극과 사건을 자신만의 방식으로 해석하고 반응하도록 설계되었다는 얘기이다.

즉, 감정 조절은 외부나 내부의 자극과 반응 사이에서 형성된 왜곡된 생각을 줄여나가는 과정이다. 그렇기에 생각하는

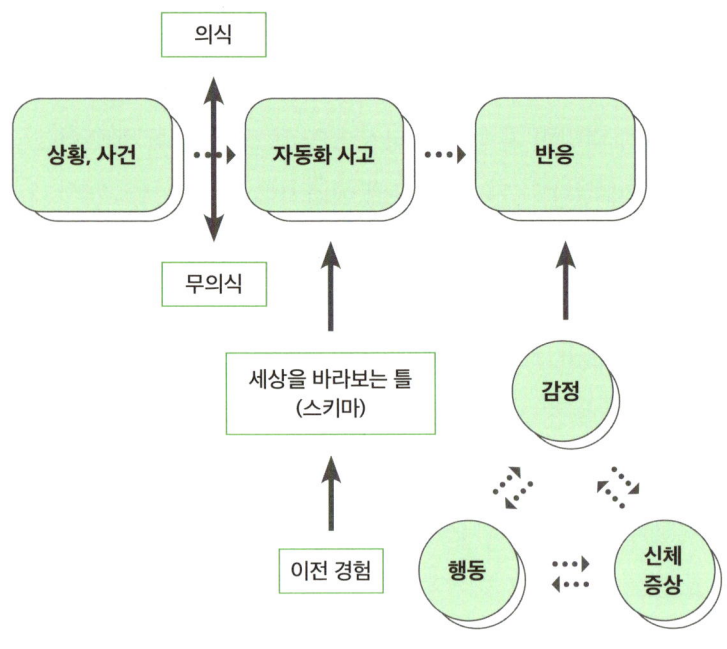

감정의 인지모델

습관을 조절하면 그게 곧 감정 조절로 이어진다. 사람의 모든 생각을 바꿀 수는 없겠지만, 적어도 부정적 감정을 발생시키는 특정 생각 패턴은 발견하고 조절할 수 있는 것이다.

가령 감정을 자주 억압하거나 회피했던 경험이 많아서 이 패턴이 스키마로 자리 잡은 사람이라면 다르게 대처하는 연습이 필요하다. 스키마는 이전의 경험(양육, 교육, 가치관, 성과,

트라우마 등)으로 형성된 '세상을 바라보는 틀'이다. 이 스키마는 다시 자동사고를 낳는다. 몸에 생긴 습관이 바꾸기 어려운 것처럼 스키마와 자동화 사고도 마찬가지다. 하지만 생각을 바꾸면 이전 경험이 좋은 경험이나 중립적인 경험으로 바뀌면서 이전의 트라우마나 나쁜 경험들이 희석되어 스키마 변화에 영향을 준다. 지속적인 인지 교정으로 왜곡된 생각을 교정하면 자동화 사고와 반응을 유발하던 스키마도 당연히 수정될 수 있다.

치료나 코칭을 시작하기 전에 환자들이 가장 많이 물어보는 부분도 바로 이 스키마에 관한 것이다. 과거 좋지 않았던 기억이나 생각 혹은 감정의 습관이 정말로 변할 수 있냐는 질문. 사실 생각을 리셋해 좋지 않은 기억을 완전히 없애는 일은 불가능하다. 하지만 생각을 바꾸고 새로운 감정을 느끼는 경험이 쌓이면서 기억이 '희석'되는 걸 보면 생각의 습관은 교정될 수 있는 부분임이 분명하다.

불편한 정서는
어떻게 흘려보내야 할까?

　　사람들은 저마다 고정된 사고방식과 행동 패턴을 가지고 있다. 누구나 익숙한 방식에 편안함을 느끼기 때문이다. 그러나 이런 패턴은 성장과 발전을 저해할 수 있다. 일상에서 형성된 믿음이나 사고방식을 바꾸는 일은 쉽지 않지만, 불가능하다고 단언할 수는 없다. 생각과 스키마에 변화를 주면 이 부분을 어느 정도 극복할 수 있기 때문이다. 환자들이 겪는 정신적 문제를 치유하고자 하는 정신의학 분야에서는 오랜 연구 끝에 역기능적 스키마dysfunctional schema 유형을 따로 분류했다. 역기능적 스키마로 사람들의 생각과 행동이 부정적인 방향으로 흘러갈 수 있기 때문인데, 이를 제때 인식하고 변화를 주는 일이 치료에 중요한 역할을 한다. 이 과정으로 우리는 더 긍정적이고 건강한 내면을 추구할 수 있다.

사람들은 어른이 되어도 어린 시절 경험에 따라 상황을 해석하는 부정적인 패턴을 반복하는데, 스키마는 이렇게 고정된 시각으로 세상을 바라보는 방식을 말한다. 심리 도식이라고도 불리는 스키마는 인지심리학에서 비롯된 용어로, 자신과 세계에 대한 뿌리 깊은 믿음이다. 그렇기에 스키마가 부정적인 영향을 미쳐도 쉽게 벗어날 수 없는 것이다.

어린 시절 자라온 환경에 적절히 적응하도록 계발된 스키마 패턴은 성인이 되면 쓸모가 없어질 수도 있다. 그런데도 사람들은 이를 반복한다. 치료 중 호전을 보이는 사람들도 "불안하지 않아서 불안해요"라고 말하곤 하는데, 이는 늘 불안과 함께 살아왔기에 증상이 호전되어도 그게 어색하게만 느껴진다는 의미다.

태평양, 대서양을 누비던 큰 배의 선장이 있었다. 그는 수십 년간 선원들을 통솔하며 거친 바다에서 생존해야 했기에 늘 새벽에 일어나서 배를 점검하고 주변 사람들의 안전을 살폈다. 은퇴 후에는 낮에만 근무하는 경비로 근무하게 되었다. 더 이상 일찍 일어날 필요도, 주변 사람들을 걱정하고 안전을 챙길 필요도 없었지만, 그는 늘 새벽에 일어나서 집과 자신의 일터를 점검했다. 주변의 안전과 건강을 걱정하느라 편히 잠들지도 못했다. 치료로 불안에서 벗어나도록 그를 도왔지만,

불안이 줄어드는 상황 자체를 오히려 불안해했다. 늘 반복해 오던 부정적 패턴을 바꾸려는 노력이 그에게는 스트레스가 되는 셈이다.

'나에게는 어떤 스키마가 있을까?'를 질문해 보자. 혹시 덫에서 빠져나오기를 스스로 거부하고 있지는 않나? 부정적인 패턴을 형성하는 스키마는 크게 11개 유형으로 분류한다. 스키마 치료에서는 스키마, 즉 심리 도식을 '삶의 덫'으로 해석하고 있기에 '유형'을 '덫'이라는 용어로 바꿨다.

버림받음의 덫

사랑하는 사람이 자신을 떠나고 자신은 영원히 정서적으로 고립되어 살게 될 것이라는 느낌이다. 이런 믿음 탓에 가까운 사람에게 지나치게 매달린다. 잠시라도 떨어지면 화가 나거나 급격히 흥분한다.

불신과 학대의 덫

다른 사람들이 어떤 방법으로든 자신을 해치거나 학대할 것이라 예상한다. 타인을 어느 선 이상으로 접근하게 놔두지 않으며, 피상적인 관계만 맺는다. 혹여나 자신에게 피해를 주는 사람에게는 적개심과 복수심을 품는다.

의존의 덫

다른 사람 도움 없이는 일상생활을 제대로 할 수 없다고 느낀다. 의존할 수 있는 사람들을 찾아 그들이 자신의 생활을 지배하게 한다.

취약성의 덫

재앙이 다가올 것이라는 두려움을 품고 산다. 그 공포가 때로는 비현실적이지만, 오로지 안전 확보에만 온 힘을 쏟는다.

정서적 결핍의 덫

사랑받고자 하는 욕구가 절대로 타인을 통해 충족될 수 없다고 믿는다. 다른 사람이 자신의 감정을 온전히 이해하지 못한다고 여기고, 불만족스러운 대인관계를 형성한다. 늘 외로움의 정서를 느낀다.

사회적 소외의 덫

세상과 격리된 느낌, 남들과 자신은 다르다는 느낌을 경험한다. 어린 시절 거절당한 상황을 어른이 되어서도 재연하고 있기에 사회적 상황에서 열등하게 느끼고 행동한다.

결함의 덫

내적으로 부족하고 결함이 있다고 느낀다. 누군가 자신과 가까워져서 자신의 참모습을 알게 되면 자신은 사랑받을 수 없을 것이라 믿는다.

실패의 덫

학교, 직장, 운동 등 자신이 성과를 내야 하는 분야에서 좋은 결과를 내지 못할 것이라는 믿음을 가지고 있다. 자신의 실패를 과도하게 해석하고, 실패를 초래할 행동을 반복하며 덫을 유지한다.

복종의 덫

다른 사람을 기쁘게 하거나 그들 욕구에 만족감을 주고자 자신을 희생한다. 복종하지 않으면 처벌받거나 버림받을 거라는 두려움이 늘 존재한다.

엄격한 기준의 덫

스스로 설정해 놓은 극단적인 기준을 맞추려고 가혹하게 노력한다. 늘 최고가 될 것이라는 기대를 받아왔기에 최고가 아니면 실패라고 생각한다.

특권의식의 덫

자신이 특별하다고 느끼고 실현 가능성, 참을성, 시간 등을 고려하지 않는다. 어린 시절부터 자신을 통제하거나 한계를 받아들이라는 요구를 받지 않은 채 성인이 되었기에 원하는 것을 얻지 못할 때마다 매우 화를 낸다.

이런 스키마 유형을 치료 대상으로 삼는 이유는 간단하다. 자기 파괴적이기 때문이다. 인간의 행복과 대인관계, 건강, 성공 등을 손상하고 그 외에도 전반적으로 삶에 영향을 미친다. 불안과 우울, 공포와 같은 부정적인 감정을 증폭시키는 것은 물론이고 심하면 우울증, 불안 장애 등 다양한 정신적 장애를 남긴다.

그렇다면 우리는 강박, 우울, 불안, 긴장과 같은 부정적인 감정을 어떻게 다뤄야 할까? 사람들은 이런 감정들이 자기를 파괴하고 궁지에 몰아넣는다고 생각하지만, 미리 살펴본 부정적인 감정들은 모두 다 생존에 필요했다. 부정적인 감정이 우리 삶을 지배하지 않도록 하려면 각자에게 있는 스키마와 자동화된 사고 패턴을 인식하고 교정하는 과정이 필요하다. 스키마 치료는 자신의 부정적인 패턴을 깨닫고 변화하는 데 도움을 준다.

하지만 스키마와 자동사고를 바꾸는 게 쉬운 일은 아니다. 여기서 관점의 변화가 중요한 역할을 한다. 스탠퍼드대학교 교수이자 책《마인드셋》을 지은 저자 캐럴 드웩Carol Dweck은 '감정 능력도 학습할 수 있다'고 믿으며 40년간 연구를 지속했고, 마침내 그 결과를 입증했다. 더불어 '마인드셋' 개념으로 개인의 사고와 관점을 성장 지향적으로 바꿀 수 있다고 강조했다.

캐럴 드웩은 고정 마인드셋fixed mindset과 성장 마인드셋growth mindset이라는 두 가지 개념을 책에 소개했다. 전자는 인간의 자질이 불변한다고 믿는 마음가짐이고, 후자는 현재 가진 자질은 성장을 향한 출발점이며, 노력이나 전략 또는 타인의 도움으로 얼마든지 길러진다고 믿는 마음가짐이다. 심리학의 귀인이론 역시 '결함이나 단점은 고정되고 불변한다'는 생각이 우울한 감정을 쉽게 일으킬 수 있다고 본다. 실패를 고정된 것으로 보는 관점은 미래를 부정적으로 해석하게 만들지만, 변화 가능성을 믿으면 슬픔을 극복하고 더 나은 방향으로 나아갈 수 있다.

기본적으로 마인드셋은 개인의 태도, 인식, 삶의 방향을 관리하는 중요한 역할을 한다. 고정 마인드셋을 가진 사람들이라 해도 성장 마인드셋 교육을 받으면 우울한 감정에 반응하는 방식이 바뀐다는 사실도 발견했다. 기분이 나빠도 부정적인 감정을 회피하지 않으면 그 문제에 맞서려는 경향이 강해진다는 것이다. 이런 마음가짐이 성장과 배움에 도움을 주고 성공 가능성을 높인다.

캐럴 드웩은 또한 고정 마인드셋을 성장 마인드셋으로 바꾸기 위해 먼저 자신의 고정 마인드셋을 인정하고 받아들이라고 제안한다. '나는 할 수 없어' '실패할 거야'와 같은 생각에 빠진다면 그 생각에 재미있는 이름을 붙여보자. 이를테면 '방해꾼'이나 '두려움 괴물'처럼 말이다. 그런 다음 천천히 그 패턴을 바꾸고자 한 걸음씩 나아가자. 이렇게 하면 점점 더 긍정적인 방향으로 나아가게 된다.

이는 인지행동 치료를 기반으로 한 퍼포먼스 코칭과도 일맥상통한다. '변화'와 '성장'을 추구하기 위해 자신의 사고 패턴을 분석하고, 본래 지닌 강점은 강화하는 게 핵심이다. 부정적 감정을 불러일으키는 왜곡된 생각 패턴을 인정하는 것, 이후 사고 패턴을 바꿔서 변화를 일으키는 과정이 바로 퍼포먼스 코칭이다. 결국 개인의 사고가 정서와 행동에 얼마나 큰 영향을 미치는지 이해해야 하는 것이다.

인지행동 치료 역시 이런 사고의 힘을 강조하며, 부정적인 생각을 합리적으로 바꾸는 데 목표를 둔다. 간단히 말해 우리 머릿속 '생각의 방해꾼'을 찾아내고 이를 '성장의 동반자'로 바꾸는 것이다. 인지행동 치료의 대표적 이론을 확립한 미국의 심리학자 알버트 엘리스Albert Ellis와 정신과 의사 아론 벡 Aaron Beck 박사는 환자들을 만나고 이야기하면서 점차 환자들이 말하는 불편한 감정, 그 감정을 유발하는 생각에 더 근본적인 문제가 있음을 발견했다. 즉, 우울하거나 불안한 감정이 들 때 따라오는 생각을 바꾸면 감정과 행동을 모두 변화시킬 수 있다는 것이다.

매 시즌 좋은 성적을 내는 선수들은 슬럼프를 경험하지 않는 것이 아니라, 슬럼프에 빠졌을 때 빠르게 벗어나는 능력을 지닌 사람들이다. 이들은 스스로 마음을 바라보고 부정적인 패턴을 인식해 긍정적인 변화로 이끄는 힘을 기른다. 비단 운동선수뿐만이 아니라 인간은 누구나 합리적이고 현실적인 사고를 할 줄 안다. 하지만 동시에 비합리적이고 왜곡된 생각을 할 수도 있다. 그러므로 감정적 고비를 극복하고 싶다면 우리는 자기만의 생각, 고정관념의 패턴을 변화하려 노력해야 한다.

예민함이
무기가 될 수 있다

　예민함으로 세상에 불만을 품고 살아온 사람들은 대개 자신의 섬세한 기질을 끔찍이 싫어한다. 도로에서 운전만 하더라도 화날 일이 너무 많고, 단순 감기로 병원에 가도 의사의 눈빛, 말투 하나하나가 거슬리기 때문이다. 내가 아는 한 환자도 그랬다. 박사 과정을 마칠 정도로 오랫동안 전공 공부에 매달렸던 그는 스트레스에 취약해 아무 일도 시작하지 못하는 현실이 다 싫다고 했다. 오랜 기간 나에게 진료를 받다가 이제는 다른 지역으로 이사했는데, 마지막 진료 날 참았던 눈물을 흘렸다. 이사를 하면 그곳에서 커피숍을 열려고 고민 중인데 잘할 수 있을지 걱정이라고 했다. 나는 섬세한 성격이 분명 장점이 될 거라고 이야기했다. 그는 답했다.

"제 예민함이 방해가 된다고 생각했지, 장점이라고는 생각을 안 해봤어요."

독일의 심리학자 레온 빈트샤이트Leon Windscheid 박사는 자신의 책《감정이라는 세계》에 '두려움에는 커다란 가치가 숨어 있다'고 적었다. 자연이 우리에게 무엇을 주었는지, 우리가 그것을 얼마나 잘 다룰 수 있는지 익히고 나면 두려움도 삶에 도움이 된다는 것이다. 그러면서 하버드대학교 심리학과 제롬 케이건Jerome Kagan 교수의 실험을 소개했다. 이 실험은 케이건 교수팀이 20년 동안 450여 명 아이들의 성장 발달(생후 4개월부터)을 지켜보며 그들의 기질을 연구한 결과다. 그중 두려움을 유난히 크게 느끼는 19번 아기를 집중 조명했다.

19번 아기는 모니터링 방에서 확성기 소리가 들리고 처음 맛보는 레몬주스가 혀에 닿았을 때 오로지 두려움만을 느꼈고 겁에 질려 비명을 지르며 울었다. 다른 아이들이 호기심을 동시에 느껴 주변을 탐색했던 것과는 전혀 다른 모습이었다. 영유아를 대상으로 한 이 실험에서 19번 아기와 같은 양상을 보인 경우는 전체 중 20퍼센트에 해당했다. 케이건 교수는 이 아기들을 '고반응성' 유형으로 분류했다. 케이건 교수가 실험으로 밝히려 했던 것은 기질에 관한 것이었다. 인간의 성격은 환경으로 형성되기도 하지만, 타고난 내적 경향을 무시할 수는 없다는 사실이 이 실험으로 입증됐다.

아이들이 자라면서도 더 다양한 근거가 발견되었다. 실험군에 속한 아이들이 열여덟 살이 될 때까지 살펴본 케이건 교수는 19번 아기와 같은 고반응성 타입 아이들은 저반응성 아이와 비교했을 때 더 조심스러운 성격으로 성장할 확률이 네 배 정도로 컸다. 부끄러움, 어둠을 무서워하는 불안 증세 등도 저반응성 아이들보다 더 많이 나타났다. 즉, 4개월째에 결정된 아이의 주된 기질이 일관성을 가진다는 의미였다. 실험 대상자 전체 중 열한 살 이후 기질이 바뀐 아이는 단 5퍼센트에 불과했다.

19번 아기의 흥미로운 발견은 여기서 끝이 아니었다. 불안 정도가 매우 높았던 이 19번 아기의 성격이 자라면서 좋은 방향으로 변화한 것이다. 수줍음이 컸던 아이는 속도는 더뎠지만, 학교를 비롯한 다양한 사회를 거치면서 점점 수줍음과 불안을 다스릴 줄 아는 성격으로 성장했다. 불안 기질이 매우 높은 사람일수록 조심성이 높기에 두려움을 다루려 더 많은 마음 챙김을 할 확률이 높기 때문이다. 그렇게 자신의 불편한 감정을 잘 다룰 줄 알면 고반응성 기질은 오히려 신중함, 인내심, 끈기 등으로 대체된다. 19번 아기는 하버드대학을 졸업한 뒤 월 스트리트에 직장을 얻었다.

불편한 감정을 다스리고 생각을 바꾸는 시도, 이 과정으로 우리는 타고난 기질이나 고착된 스키마 문제를 극복할 수 있다. 그런데 앞에 소개한 19번 아기처럼 고반응성 기질 즉, 예민함을 타고난 사람들은 '나는 예민해서 이 일을 해낼 수 없을 거야' '다른 사람은 아무렇지도 않은데 나만 힘든 거, 이제 그만하고 싶어'라고 생각하면서 자기 능력을 제한하곤 한다. 하지만 더는 자신의 예민함, 민감성hypersensitivity이 '단점'이 아님을 알았으면 좋겠다. 그 민감성은 무언가를 남보다 더 정확하게 감지하고 이해하도록 만들어졌기 때문이다. 실제로 내가 만난 예민한 사람들 역시, 그 민감함을 잘 살려 변화를 캐치하는 능력으로 성공에 가까워졌다. 물론 한 가지 필요한 조건이 있다. 바로 감정 조절 능력이다. 19번 아기처럼 자신의 능력을 잘 살리기 위해서는 예민함이라는 무기를 잘 쓸 수 있는 조절 능력이 뒷받침되어야 한다.

예민한 사람들이 느끼는 불안과 두려움의 정서는 얼마나 다를까? 외부적 무언가가 나를 위협한다고 느낄 때 흔히 사람들이 경험하는 불안 정서는 간혹 분노anger를 동반한다. 분노는 위협이나 좌절을 경험할 때 생리적으로 각성하기 때문이다. 이 감정 수준이 높을 때 우리 몸은 공격성을 띠게 된다. 이때 뇌 하위시스템은 감정 불균형을 해소하기 위해 행동활성화체계behavioral activation system와 행동억제체계behavioral inhibition system 중 어느 쪽을 택할지 고민한다. 각각의 체계 수준이 높고 낮음에 따라 분노 표현 양식도 달라진다. 행동활성화체계는 나를 위협한 대상에게 다가가는 행동을 유발하고, 행동억제체계는 그 대상을 피할 수 있도록 행동을 멈추게 하기에, 이 두 시스템의 균형 문제는 결국 행동 조절 및 통제와 깊은 관련이 있다.

민감성이 높은 사람들은 이 둘 중 어느 체계가 더 발달했을까? 바로 행동억제체계다. 미묘한 변화를 잘 느끼는 사람들에게 가장 큰 심리적 장애물은 긴장, 불안 등으로 인한 압박감인데, 이 압박을 피하려고 자기 행동을 조절하기 때문이다. 그들은 어떤 행동 뒤에 따르는 보상이나 즐거움보다 어떤 행동을 하지 않음으로 피할 수 있는 처벌, 위험 단서에 더 민감하게 반응한다. 그러니 이 시스템은 그들에게 성능 좋은 브레이크와 같다. 브레이크는 자기를 보호하는 시스템으로 작용해 안전 운전을 돕는다. 이 브레이크가 자기 통제감을 유지하도록 도와줘 안정감을 느끼게 하는 셈이다. 물론 브레이크를 너무 자주 밟으면 목표 지점으로 가는 길이 멀어질 수 있다.

타고난 행동억제체계로 안정감을 얻을 수 없는 상황이라면 자기통제를 돕는 또 한 가지 방법, 불안관리 훈련Anxiety Management Training을 활용하자. 이 훈련 모델은 인지행동 치료,

노출 치료, 이완 기법, 심상화 기법 등 불안을 다스릴 효과적인 대처 방법을 제공한다. 불안을 유발하는 장면을 떠올리며 그 상황에 대처하거나 이완하는 기술을 연습하게 하는 방식이다. 어려움 없이 자극에 반응하는 자기 모습을 상상하다 보면 불안 요소 자체가 감소할 수 있고, 불안에 대처하는 방식도 조금씩 달라진다. 예민한 사람들은 불안을 유발하는 상황에 조금씩 익숙해질 수 있고, 자극의 민감성이 줄어들면서 심리적 안정감을 얻게 된다.

내가 소속된 와이디 퍼포먼스 인지행동 치료센터에서는 스트레스, 불안으로 일상생활에 문제(회피, 제한 등)가 생긴 사람들에게 인지행동 치료와 이완 치료 프로그램을 함께 시행하도록 권하는데, 이를 정확히 습득하고 실생활에서 불안에 대처하는 방법을 배운 사람들은 점점 자신감을 얻었다. 제대로 복식 호흡하고, 근육을 이완시키면 신체 반응이 감소해 안정감을 느낄 수 있다.

이완 훈련 외에도 불안에 대처하는 다양한 방법 중 나는 '쓰기'를 추천한다. 불안했던 상황을 일기나 일지로 기록하다 보면 불안관리 훈련이 잘 진행되고 있는지 파악할 수 있고, 무엇보다 감정의 변화를 자세히 들여다볼 수 있다. 감정과 생각, 욕구 등이 잘 정리되면 과도하게 증폭된 감정이 눈에 띌 수밖에 없다. 그런 다음 노력해서 바꿀 수 있는 부분과 아닌 부분을 구분하면 변화에 더 가까이 다가설 수 있다.

예민한 사람들에게 '감정 조절 능력 향상'은 큰 의미를 지닌다. 단순히 스트레스 상황을 피하는 것에 그치지 않고, 그들이 지닌 예민함을 장점으로 바꾸는 힘을 길러주는 과정이라서 그렇다. 예민한 사람들은 감정의 소용돌이에 종종 휩싸이는데, 이는 그들의 높은 감수성 때문이다. 그러나 감정 조절 능력이 향상되면 '감정의 파도를 잘 타는 법'을 익힐 수 있고, 그것 자체가 그들의 고유 강점이 된다. 감정을 억누르기보다는 직면하고 이해하며, 그것을 긍정적으로 변환하는 방법을 터득하기 때문이다. 감정 조절 능력을 키우면 예민함은 민감한 감지를 넘어 신중함과 깊은 통찰로 변화한다.

예민하고 까다로운 성격으로 유명했던 애플의 공동 창립자이자 전 CEO 고(故) 스티브 잡스도 자신의 예민함을 창의성으로 전환했다. 때로는 예민한 기질 때문에 주변 사람들과 갈등을 빚었지만, 감정 조절 능력으로 자신의 비전을 명확히 전달하고 팀과 협력해 혁신적인 성과를 이끌었다.

참고로 감정 조절 능력은 관계 측면에도 유용하다. 예민한 사람들은 감정의 미묘한 변화에도 쉽게 영향을 받기 때문에, 사회적 상황에서 불안감을 느끼기 쉽다. 하지만 이들이 자신의 감정을 잘만 조절한다면 대인관계에서 더 큰 자신감을 얻게 된다. 이들이 자신의 민감함을 다른 사람과 소통할 때 강점으로 활용하기 때문이다. 예민함은 타인과의 대화에서 상대의 감정을 섬세하게 읽고 이해할 수 있는 능력을 제공한다. 이는 장기적으로 깊이 있는 관계를 형성하는 데 도움을 준다.

이런 여러 가지 노력은 결국 '자기조절 능력'이라는 한 방향으로 흐른다. 자기조절 능력은 자기 개념이 행동으로 드러나도록 실행할 수 있는 능력이다. 상황에 맞춰 자기 행동을 수정하거나 외부를 변화할 수도 있으며 개인의 개념과 목표가 합치되는 결과를 내려고 노력한다. 결국 환경과 지각, 목표, 기준 등의 영향을 받으면서도 생각과 행동, 감정 등을 조절할 수 있어야 외부의 자극도 잘 처리할 수 있다. 이때 예민함이 제대로 작동한다면 부정적인 상황을 오히려 잘 읽어내 기회로 바꿀 수도 있다.

감정을 효과적으로 다루는 법을 배운 예민한 사람들은 마치 감정의 지도를 손에 쥔 사람 같아 보인다. 그래서 다른 사람들보다 삶의 굴곡을 더 잘 탐색하고 의미 있는 길을 찾아낸다. 그들의 예민성은 복잡한 인간관계라는 교향곡에서 미세한 음을 잡아내는 조율사의 능력과 같다는 사실을 꼭 기억하길 바란다.

일시적인 성과에
중독되지 마라

학생들 사이에서 집중력을 올려주는 ADHD 약이 유명해진 지는 꽤 되었다. 원래는 집중력 저하, 충동성, 산만함 등의 특징을 가진 주의력 결핍 과잉행동 장애ADHD의 치료제로 사용되는 약물이지만, 어느샌가 공부를 잘하게 해주는 약으로 둔갑했다. 그래서 학생들 또는 학부모들이 자녀의 학습 능력을 높이려고 병원을 방문한다. 면담과 검사를 거쳐 ADHD가 아니라고 이야기해도 오히려 그 사실을 받아들이지 못하는 청소년, 부모들이 종종 있을 정도다. 정확히는 약을 처방받을 수 없다는 사실을 받아들이지 못하는 것 같다. ADHD 약에 대한 맹목적인 믿음이 생겨난 상황이다. 공부하는 학생들에게 '집중력'이라는 능력은 '성적'을 빠르게 올리고 싶을 때 꽤 중요한 부분이다. 하지만 의학적으로 필요하지 않은 약을 단순히 성과를 위해 찾는 현실은 씁쓸함만을 남긴다.

주의력은 개인적인 차이가 있지만, 평균 시간이 정해져 있다. 보통 주의력은 전두엽의 기능 저하 혹은 이상으로 '주의력 결핍 과잉행동 장애'가 와서 떨어지는 경우도 있지만, 불안이나 우울과 같은 정서적인 이유로도 충분히 저하된다. 감정이 주의력을 앗아가는 것이다. 그러니 주의력이 떨어진 이유를 꼭 ADHD라 단정짓고, 무조건 빠르게 집중력을 높일 ADHD 약을 찾는 건 위험하다.

서울대학교 정신건강의학과 강웅구 교수의 종설 논문에 따르면 'smart drug'라 불리는 ADHD 치료 약물들은 처음에는 학업 및 업무 능력을 즉각 높이지만, 반복적으로 복용하면 강박적 의존으로 진행될 수 있다고 한다.

"아침에 일어나서 애더럴을 복용해요. 집에 가서 저녁을 먹고 애더럴을 또 복용해요. 알약이 저의 새로운 일상이 된 거죠. 카페인도 어마어마하게 마셨어요. 그러다가 늦은 밤이 되면 자야 하는데, '자, 이제 뭘 할까?'가 되는 거예요. 그래서 정신과 의사한테 다시 가서는 잘 말해서 암비엔을 타왔어요. (중략) 결국 2008년부터 2018년까지 매일 애더럴 30밀리그램, 암비엔 50밀리그램, 아티반 3~6밀리그램을 복용했죠. 이렇게 생각했어요. 난 불안해하고 ADHD 증상이 있고, 할 일을 하려면 약이 필요해."

스탠퍼드대학교 의과대학 정신의학·중독의학 전문 애나 렘키Anna Lembke 교수가 만난 환자 데이비드(35세)는 대학생 시절 학교 성적 부진으로 불안감을 느낄 때 처음 약을 처방받았다. 낯선 사람과 대화할 때 나타나는 불안감, 발표 수업 때 생기는 홍조와 땀… 그는 실패가 두려웠다고 말한다. 당시 주의력결핍장애와 범불안장애를 진단받고 먹기 시작한 약은 20년이 다 되도록 이어졌고 양도 어마어마하게 늘었다. 애나 렘키 교수의 책 《도파민네이션》에는 약물에 의존, 중독된 다양한 사례가 소개되어 있다.

우리나라 사정도 크게 다르지는 않다. 에너지 음료는 편의점에서 누구나 손쉽게 구할 수 있고, 무대 공포증을 잠재우는 인데놀, 멋진 몸매를 위한 스테로이드, 다이어트약 등을 오남용하는 사람들도 많다. 심지어 요즘은 커피보다 더 빠른 각성 효과를 기대해 온라인 쇼핑몰에서 카페인 알약을 구매하는 것도 쉬워졌다. 불필요한 에너지 낭비, 시간 절약을 이유로 약물을 찾지만, 이는 빠르고 일시적인 성과에 중독된 경우라고 볼 수 있다. 빠르게 변하는 현대사회에서 '남들보다 먼저 두각을 드러내지 못하면 도태된다'는 불안감에 빠지면 결국 빠른 효과를 가져오는 약물에 의존하게 되는 것이다. 쉽고 빠르게 성과를 내고 싶은 조급한 마음이 지속적인 성장보다 일시적인 약물을 택하게 한다.

―――

더 잘하고 싶은 사람일수록 결정적 한 방이 간절하기에 마음은 늘 조급하다. 문제는 빠른 효과를 원할수록 오히려 더 좋은 성과를 내기 힘들어진다는 사실이다. 일시적인 성과는 성공으로 볼 수 없다. 꾸준하고 지속적인 성과를 가져올 수 있는 습관을 들이는 게 옳다. 그런데 빠른 성과를 위한 길은 대부분 일시적이라서 지속적인 성과를 가져오는 습관 형성에 방해가 된다. 그리고 자기도 모르는 사이에 점점 자신을 망치게 된다. 사실상 준비되지 않은 상황에서 성공을 바라기는 힘들고, 온다고 하더라도 오히려 자신을 부러트릴 수 있다.

집중력과 각성은 정신을 맑게 하고 에너지를 넘치게 한다. 이런 감각이 일시적으로 성과를 높이는 듯 느껴질 수도, 실제로 그럴 수도 있다. 하지만 문제는 이 약물이 더 이상 효과를 발휘하지 못할 때 드러난다. 빠른 효과를 주는 약물은 시간이 지나면 똑같은 효과를 원할 때 더 많은 양의 약물을 추구하게 한다. 같은 양으로 보던 약 효과가 점점 줄어드는 내성이 생기기 때문이다. 쉽고 빠른 효과를 계속 추구하다 보면 어느 순간 약물에 의존하게 되고, 의학적 목적과 상관없이 약물을 빈번하게 사용하는 남용abuse에 이르기도 한다. 약물의 효과는 점점 둔해지고 애써 쌓아온 자신의 습관이나 루틴이 단번에 무너진다면 얼마나 끔찍한가.

ADHD 약뿐만이 아니다. 무대 공포증을 다스리는 떨림 방지약, '인데놀'을 살펴보자. 인데놀은 신체적 의존이 발생하지 않는 약으로 알려져 있다. 상대적으로 위험도는 높지 않지만, 이 약을 오해하고 사용하는 사람들도 적지 않아 보인다. 인데놀은 용량에 비례해 효과가 증가하지 않는 약인데, 사람들은 더 복용하면 떨리지 않을 거라고 생각해 임의로 추가 복용해 부작용을 얻기도 한다. 내가 무대 공포증으로 상담했던 한 친구는 연습 때 너무 떨려서 한 알, 두 알 복용하다가 나중에는 열 알 넘게 복용해 기억을 잃고 쓰러지기도 했다. 그런데도 인데놀이 없으면 무대에 오르기 힘든 상태가 되었다며 나를 다시 찾았다. 심리적으로 약에 의존된 상태였다.

인데놀 오남용은 즉각적으로 긴장과 불안을 해소해 성과에 빨리 다가서려는 심리적 의존증에서 시작된다고 볼 수 있다. 문제는 인데놀 한 알로 불안과 긴장을 해결하려다 보면 점점 약물 복용 빈도가 늘어간다는 데 있다. 신체적 의존도가 높지 않지만, 심리적 의존도는 높아질 수 있기에 인데놀 없이 남들 앞에 서기 힘든 상황이 찾아오는 것이다. 또한 인데놀은 복용 후 무대를 잘 마무리했어도 자신의 힘으로 해내지 못했다는 생각에 허탈한 마음, 우울감 등을 경험할 수 있다.

다이어트를 목적으로 무리하게 약물을 복용하는 것도 빠른 결과를 추구하는 예로 볼 수 있다. 원하는 결과를 내야 한다는 압박감은 지속적인 다이어트보다, 일단 체중계의 바늘을 떨어뜨릴 수 있는 쉬운 방법을 찾게 한다. 펜터민과 같은 다이어트약은 자극제로, 식욕을 떨어뜨리고 에너지 소비를 증가시킨다. 빠른 효과를 가져오기도 하지만 내성이나 의존 문제도 있고 감정 기복이 생기는 등 여러 부작용이 있다.

빠르게 체중을 줄이고자 이뇨제를 상습 복용하는 것도 역시 위험하다. 이뇨제는 수분을 배출해 부종을 가라앉히는 용도이기에, 의학적으로 필요하지 않은 상황에서 사용하면 체내 칼륨 수치가 급격히 떨어져 무력증을 초래한다. 혈당 상승, 요산 농도 상승과 같은 문제도 생긴다.

근육을 키워주는 스테로이드 약물 복용도 마찬가지다. 일시적인 근육 증가를 담보로 한 자기 파괴적인 행동에 가깝다. 건강한 신체를 만들고 싶다면 건강한 식습관과 꾸준한 운동만이 정답이다. 누구나 알고 있지만, 손쉽게 약물에 손을 대는 이유는 우리의 조급함 때문이다. 빠른 길을 원하다 보면 우리 뇌도 그렇게 변한다.

일시적 성과를 위한 약물 의존 또는 과도한 사용은 '도파민'이라는 신경전달물질과 관련이 있다. 보통 스트레스가 지속되어 그 지수가 가장 높을 때 인체에서는 도파민이 고갈되는데, 그때 불쾌한 감정이나 우울감을 느끼기 쉽다. 이럴 때 사람들은 약물이나 자극적인 물질에 의존하는 경향을 보인다. 약물을 사용해 원하던 성과를 이루면 도파민이 다시 분비되면서 생동감을 느끼고 기분이 회복되는 경험을 한다. 힘든 아침에 커피 한 잔으로 기분이 상쾌해지는 것과 비슷하다. 이는 커피에 포함된 카페인이 도파민 분비를 촉진해 각성과 기분 전환을 일으키기 때문이다. 그러나 인위적인 도파민 분비는 지속적이지 않고, 건강한 성과와 정신건강에 부정적인 영향을 미칠 수 있다.

도파민 이야기를 조금 더 해보자. 행복 호르몬으로 알려졌지만, 조금 더 정확하게는 쾌락 및 보상 시스템 관련 신경전달물질인 도파민은 뇌에서 생각보다 다양한 역할을 한다. 실행, 운동, 각성, 강화 등 흥분과 억제 작용에 광범위하게 참여하는데, 전전두엽피질의 분비 경로에서는 보상과 동기부여까지 관여한다. 그래서 체내에 이 물질이 부족하면 의욕, 동기부여, 흥미를 잃고 주의력까지 분산되는 것이다.

틱톡과 유튜브 쇼츠 같은 짧은 비디오 콘텐츠는 도파민과 밀접한 연관이 있다. 자극적인 제목의 영상, 빠르게 흘러가는 다양한 영상을 시청하다 보면 시각적 자극에 지속 노출되는데, 이때 뇌는 보상 시스템을 활성화한다. 활자 대신 이런 식의 짧은 영상 콘텐츠에 익숙해지면 적은 노력으로 큰 보상을 받는 데 뇌가 적응하는 것이다. 그러니 당연히 깊은 사고를 요구하는 작업이나 공부에 집중하는 건 더 어려워진다.

주의력, 집중력 등은 우리 삶에 정말 필요한 능력이지만 일시적인 효과를 위해 자기 파괴적인 방법을 찾지는 말아야 한다. 꼭 성과를 목적으로 하지 않더라도 사람들은 스트레스로 부정적인 감정에 압도되면 그 순간을 벗어나거나 잊기 위해 약물을 복용하는 대처 방식을 택한다. 하지만 우리는 지속 가능한 방법으로 성과를 높일 방법을 찾아야 한다.

결국 진정한 성공은 '빠르게'가 아니라 '꾸준히' 나아가는 데 있다. 당신의 잠재력은 일시적인 약물이나 자극이 아닌, 꾸준한 노력과 습관의 힘으로만 깨울 수 있다. 하루아침에 변화할 수 있는 것들은 잠깐의 쾌감을 줄 뿐 길게 보면 더 큰 장애물로 남는다. 인간의 뇌는 정원과 같아서 매일 물을 주고 가꾸어야 아름다운 꽃을 피울 수 있다. 도파민의 늪에서 빠져나와 '나의 성공'이라는 나무에 계속 물을 댈 방법을 고민해 보자.

실수를 만났을 때
크게 기뻐하라

 꼼꼼한 성격에 일 잘하기로 유명한 직장인이 있다. 그런데 항상 퇴근이 늦다. 업무량이 과도해서라기보다 혹시 자기 실수를 다른 사람 혹은 다른 부서에서 눈치챌까, 괜히 본인이 업무를 잘못 처리해 누군가에게 피해를 줄까 노심초사하느라 그렇다. 이메일을 보내기 전에도 검토에 검토를 거듭하고 마친 일도 여러 번 재검토한다. 그가 퇴근이 늦어지는 이유는 결국 실수에 대한 지나친 두려움 때문이다.

 모르긴 해도 직장마다 이런 사람들이 열에 두세 명은 있을 것이다. 이들은 겉으로 보기에는 실수가 적고 업무적으로 늘 믿음직스러운 이미지를 추구하면서도 내면은 두려움과 과도한 자책감으로 채워져 있다. 실수 없는 완벽한 결말을 꿈꾸는 사람들, 이들은 완벽주의자다.

완벽을 추구하는 게 일반적인 완벽주의자 특성이지만, 완벽주의자 모두가 높은 기준과 목표를 세우고 결과를 쟁취했을 때 카타르시스를 느끼는 모습(안정형 완벽주의자의 특징)을 보이는 건 아니다. 일을 미루거나 아예 시작하지 못하는 회피형 완벽주의도 있고, 타인의 기준과 결과를 신경 쓰느라 늘 가슴 졸이고 모든 잘못을 자기 탓으로 돌리는 자책형 완벽주의자도 있다. 사실 이 완벽주의 유형은 이전에 내가 출간한 책《오늘도 시작하지 못하는 당신을 위해》를 집필할 때 완벽주의 관련 선행 연구를 참고해 분류한 것이다. 완벽주의자들이 성공 전략을 세울 때 자신의 완벽주의 유형을 정확히 이해하는 게 도움이 된다.

앞에서 소개한 직장인은 자책형 완벽주의자에 가깝다. 굳이 완벽주의의 다양한 유형을 설명하는 이유는 이렇게 그릇된 완벽주의 성향이 오히려 퍼포먼스를 방해하는 주범이 되기 때문이다. 과도한 실수가 두려워 자기를 믿지 못하고 자책만 할 때 혹은 실수하는 게 싫어서 아예 시작하지 않으려 할 때 성공은 멀어진다. 앞에서 여러 번 설명했듯이 감정 구조가 불안, 공포 중심으로 바뀌면 뇌의 판단 능력이 저하될 수 있다. 실수 직후 반응 속도가 느려지는 게 그 증거이다.

실수에 대한 두려움은 실수나 실패를 더 많이 겪은 사람들이 느끼는 감정일까? 그렇지 않다. 실패를 걱정하는 마음과 두려움은 오히려 실패한 적 없는 사람들이 더 크게 느낀다. 불안, 걱정 등은 피할수록 증폭되는 감정이기 때문이다. 자전거 타기를 예로 들어보자. 처음 자전거를 배울 때 몇 번 넘어지지 않고 바로 페달을 안정적으로 굴리는 사람이 있는가 하면 몇 번씩 넘어지고 다치면서 자전거를 혹독히 배우는 사람도 있다. 하지만 넘어지지 않고 빠르게 자전거 타는 법을 익힌 사람들은 오히려 넘어지는 것을 더 두려워한다고 한다. 많이 넘어진 사람들은 넘어질 때 어떻게 대처해야 하는지를 알기에 자전거 타기 자체에 자신감을 얻는다.

한편 실수 직전의 두려움은 막상 실수를 경험한 직후에는 '생각보다는 괜찮네'라는 안도감으로 바뀐다. 그렇다고 실수를 대하는 사람들 반응이 언제나 두려움, 불안으로 연결되는 것은 아니다. 어떤 사람은 이미 경험한 실수를 학습해 다시 실패하지 않으려 주의를 기울인다. 실수는 각성을 강화하는 에피네프린, 집중력을 높이는 아세틸콜린 등의 신경전달물질을 방출하게 한다. 체내에 이런 물질이 분비되면 뇌는 실수를 교정하는 방법을 이해하기 시작한다. 실수를 교정하고 새로운 학습 경험이 성공에 이르면 도파민(목표 달성이나 보상을 경험할 때 분비되는 물질)이 분비되어 신경 가소성을 강화한다. 즉, 실수를 교정할 때 쾌감과 행복감을 느낄 수 있다.

생물학적으로 볼 때 실수는 우리 뇌가 더 나은 선택을 하고 실질적인 능력 및 동기부여를 발전시키는 데 필수적인 역할을 한다. 보통 우리는 실수하면 같은 실수를 반복하지 않으려고 다음번에는 비슷한 상황을 아예 피하려고 한다. 이를 회피 학습avoidance learning이라 부르는데, 이는 실수로 생긴 부정적인 감정으로 자연스럽게 취하게 되는 방어적 행동이다.

미국 서던캘리포니아대학교 조르지오 코르셀리Giorgio Coricelli 교수와 다양한 분야의 교수로 구성된 연구팀은 실수가 항상 부정적인 결과로 이어지는 게 아니라는 점에 주목했다. 오히려 실수를 통해 많은 것을 배울 수 있다고도 주장했다. 이를 보상 학습reward-based learning이라고 하는데, 이는 실패를 경험하고도 그 속에서 교훈을 얻어 다음에 더 나은 선택을 하게 되는 과정을 의미한다. 다시 말해 실수는 단순히 피해야 할 무언가가 아니다. 오히려 우리는 실수를 통해 더 성장하고 발전할 수 있다.

실제로 이 실험에 참여한 사람들은 두 번의 실험 중 첫 번째에는 주어진 학습 과제의 정답을 맞히면 보상으로 돈을 받고, 그렇지 못하면 돈을 잃는 규칙(회피 학습 촉진)을 경험했다. 그리고 다음 실험에서는 실수하더라도(정답이 틀린 상황) 정답을 찾아가는 과정에서 자기가 놓친 부분이 어디인지를 깨닫고 답이 도출되는 전 과정을 이해하도록 했다. 그러자 정답을 맞히지 못했어도 뇌의 보상 회로(쾌락 중추)가 적극적으로 활성화되었다. 쾌락 중추가 활발히 움직였다는 건 실패를 통해서도 우리 뇌는 충분히 보상을 느끼고 성장하는 존재라는 의미였다.

완벽한 결과를 얻고 싶다면, 우선 실수에 대한 두려움을 줄여야 한다. 두려움을 줄이려면 실수에 대해 차분히 대처해야 하고, 배움의 과정으로 들어가려면 실수를 제대로 이해할 필요가 있다. 실수에는 도움이 안 되는 줄여야 할 실수와 배움과 성장에 도움이 되는 실수 두 종류가 있다. 스스로 자주 하는 실수가 어떤 유형인지 이해한 뒤 어떻게 대처해야 좋을지를 고민해 보길 추천한다.

① 줄여야 할 실수

부주의한 실수

주의집중을 제대로 하지 못해 해야 할 일들을 잊어버리는 실수, 누구나 한 번쯤 겪어봤을 것이다. 그러나 이런 실수가 자주 반복된다면 집중력에 문제가 있는 건 아닌지 점검해 볼 필요가 있다. ADHD와 같은 개인적인 이유로 집중력에 문제가 생긴 건지, 아니면 우울이나 불안 같은 정서적인 이유로 집중력이 저하된 건지 확인해야 한다. 같은 실수를 반복하는 주된 원인 중 하나는 긴장이나 압박감이 너무 적어서일 수도 있다.

이럴 때는 약간의 긴장이 오히려 도움이 된다. 동기부여 부족도 잦은 실수의 원인 중 하나다. 업무처리 프로세스가 복잡하지 않은지 등 혼란스러운 환경적 요인도 살펴보자.

과도한 긴장으로 인한 실수

압박감이 높은 순간 과도한 긴장으로 생기는 실수. 스트레스가 과도한 상황에서 불안과 긴장이 높아지면 실수가 늘어난다. 이때는 불안과 긴장을 줄여서 불필요한 실수를 줄여야 자기 능력을 꾸준히 발휘할 수 있다. 불안을 줄이려면 불안을 증폭시키는 원인인 생각을 교정하는 인지행동 치료 기법이 도움이 된다.

② 성장에 도움이 되는 실수

통찰을 주는 실수

무언가를 시도했을 때 그것이 잘되지 않더라도 과정 자체로 중요한 깨달음을 얻을 수 있다. 실수를 객관적으로 바라보고 개선하려 할수록 새로운 통찰이 찾아온다. 실수를 없애려고만 하면 이런 통찰은 우리에게 올 기회가 없을 것이다. 다양한 시도는 뇌의 통합integration을 촉진해 새로운 사고방식을 형성하도록 돕는다.

실수 이후 자신과 맞지 않는 방법을 발견하는 것도 그 자체로 배움이다. 실수를 오래도록 바라보고 고민하려는 과정에서 생각의 특이점이 반드시 발견된다. 이렇게 얻은 통찰은 문제 해결 능력을 길러주고 창의적인 사고를 발달시킨다. 실패를 두려워하지 않고 도전하는 태도를 얻으면 우리의 한계는 넓어지고 새로운 가능성도 탐색할 수 있다.

새로운 일을 시작할 때 필연적인 실수

새로운 일을 하거나 능력, 기술 등을 익힐 때 수반되는 실수이다. 어쩌면 이런 실수는 너무나 당연한 부분이기도 하다. 처음 자전거 타기를 배우는데 넘어지지 않고 탄다는 게 오히려 이상한 것처럼 말이다. 처음 하는 업무가 익숙해지기까지는 누구나 시행착오를 겪는다. 그 과정에서 실수는 개선되고 능력은 쌓인다. 처음 하는 일로 실수가 발견되었을 때는 우선 같은 실수를 반복하지 않도록 전략을 바꾸면 된다. 그런 다음 업무 방법을 조정하는 시간을 가져야 한다. 물론 실수에 지나치게 관대한 태도는 주의한다. 동시에 실수가 두려워 회피하거나 미루는 자세도 옳지 않다. 필연적인 실수를 만나지 않고 목표까지 가는 일은 거의 불가능하다. 이런 종류의 실수를 만났을 때는 오히려 기뻐하길 권한다.

실수도 결국 유형에 따라 대처가 달라져야 한다. 그렇기에 실수는 그 자체로 차분히 바라보는 과정이 필요하다. 하지만 실수를 마주하는 게 불편한 사람들도 많다. 완벽주의 성향이 강할수록 더 그렇다. 완벽주의 성향이 강한 사람들은 주로 실수를 회피하고, 만나더라도 인정하지 않으려 한다.

실수를 과도하게 두려워하는 사람들은 실패나 실수가 자존감을 해치지 않도록 일부러 노력하지 않는 인지적 전략을 쓰기도 한다. 실패하더라도 자신의 실수를 정당화할 기회를 마련하는 것이다. 이를 자기 불구화self-handicapping라고 한다. 자기 불구화는 실수나 실패를 능력 부족이 아닌 다른 이유로 돌리려고 의도적으로 다른 핑계를 찾는 전략이다. 시험 전날, 시험 결과가 두려워 일부러 공부하지 않고 유튜브를 보거나, 공부를 할 수 없도록 다른 핑계를 찾는 것이다.

물론 이런 방식은 일시적으로는 자존감을 지켜줄지 몰라도 근본적인 문제를 해결하는 데는 아무런 도움이 되지 않는다. 무엇보다 이 방식은 지속 불가능하다. 실수를 대처하는 가장 합리적인 방법은 결국 줄일 수 있는 실수는 줄이고, 실수를 배움 혹은 기회로 만드는 것뿐이다. 실수나 실패를 인정하는 건 누구에게나 힘든 일이다. 실수 자체를 완벽히 통제할 수도 없으니 실수 상황에 대처할 능력과 민첩성을 배우도록 하자.

나도 10년 전, 실패감에 젖어 한동안 풀이 죽어 지낸 적이 있었다. 발표 불안으로 첫 강의를 시작했을 때였다. 지금이야 발표 불안과 무대 공포증에 관해 책도 쓰고 대기업 직원들을 대상으로 강의도 진행하는 나름 전문가가 되었지만, 처음 이 주제로 강단에 섰을 때 그 결과는 참담했다.

한 기업에서 사회 공헌사업 중 하나로 주최한 대학생 대상 발표 불안 강의(5주 과정)였다. 정신건강의학과 전문의 취득 후에 처음 맡은 대중 강의였기에 긴장 반, 설렘 반으로 시작했다. 그런데 한두 주 지나면서 수강생 수가 점점 줄기 시작했다. 다들 이런저런 이유로 수업에 나타나지 않았고, 첫 수업 때 스무 명이었던 수강생은 다 어디로 갔는지 마지막 수업 때는 다섯 명만 남았다. 누가 봐도 처참한 실패였다. '내 강의가 그렇게 별로였나?' '내가 무엇을 놓친 걸까?' '앞으로 대중 강연은 하면 안 되겠구나'와 같은 생각이 들면서 무척 괴로웠던 기억이 난다. 절망감을 느꼈다가 현실을 부정했다가 급기야 내 강의를 중간에 포기한 친구들을 원망하기도 했다.

솔직히 실패를 인정하고 싶지 않았고 현실을 부정하고 싶었다. 그래도 포기하지는 않았다. 마지막까지 남아준 학생 다섯 명과 종강 식사 자리를 마련했다. 수업 준비 중에 저지른 내 실수는 무엇인지, 내 수업의 장단점은 무엇인지 등을 물어봤다. 그리고 강의를 주최한 대기업 담당자를 찾아가 중간에 그만둔 학생들의 솔직한 피드백을 받아보기도 했다. 그 결과 내 가장 큰 실수는 청중의 특성을 고려하지 않은 지루한 수업방식이었음을 알았다. 대학생들은 자신의 발표 불안을 이론적으로 공부하고 싶은 게 아니라 그 불안을 줄일 직접적인 방법 및 체험을 더 원했던 것이다. 그전까지 내가 했던 강의는 주로 정신과 의사들, 의대생들, 병원 직원들을 대상으로 한 전문 강의였기에 당연히 이론 전달이 중심이었다. 대학생들이 원하는 발표 불안 강의도 마찬가지라 생각했다. 나의 실수는 앞서 설명한 새로운 일을 시작할 때 따라오는 필연적인 실수였다.

처음 실패했을 때는 내 강의 전체가 쓸모없게 느껴지고, 한 술 더 떠서 부정적인 피드백이 내 능력 전체를 부정하는 것처럼 다가왔다. 하지만 실패 요인과 장점, 개선점을 명확히 구분하고 보니 더 나은 방향으로 갈 수 있겠다는 확신이 들었다. 실수와 실패를 대하는 내 대처 방법은 이 사건 전후로 완전히 달라졌다. 이후로는 실패나 실수가 생기면 오히려 피드백을 더 정확히 듣고, 개선점을 찾을 기회로 삼았다. 그 실수 덕분에 나는 발표 불안, 무대 공포증 관련 프로그램도 개발했고, 《나는 왜 남들 앞에만 서면 떨릴까》라는 생애 첫 책도 출간할 수 있었다.

  결과가 좋지 않은 성과의 피드백을 듣는 일은 여전히 불편하다. 하지만 불편한 피드백은 실수를 객관적으로 되돌아볼 중요한 기회이다. 또한 그런 불편함discomfort은 뇌가 변화하는 데 필수적인 요소다. 이제는 누군가의 뼈 때리는 피드백이 감사하다는 생각도 든다. 앞으로의 실수와 시행착오를 줄여줄 고마운 존재 아닌가. 만약 누군가의 객관적인 피드백을 받기 어려운 환경이라면 내 실수를 노트에 적어보고 스스로 피드백하는 연습을 꾸준히 해보자.

3부 | 지금 필요한 것, 퍼포먼스 감정 코칭

"탁월함은 행동이 아니라 습관이다."
― 철학자, 아리스토텔레스

다시 생각하기

감정만 조절해도
퍼포먼스가 달라진다

좋은 계획을 세우고 주변에 휘둘리지 않으면서 정진하는, 누구나가 바라는 이상적인 내 모습에 가까워지려면 어떻게 해야 할지, 이제 감이 좀 오시나요? 내가 바라던 내 모습에 다가가면 모든 게 자연스럽게 이뤄질 거예요. 세 살 버릇 여든 간다는 말처럼 감정과 생각의 방향을 바꾸고 조절하는 연습이 우리에게 특별한 습관을 남겨줄 수 있습니다. 그 전에 긍정적으로만 생각하고 부정적인 감정은 무조건 덮어두는 건 옳지 않아요. 내가 느낀 감정, 그에 따른 내 신체적 반응을 이해하는 데에서 시작하세요. 그것이 바로 제가 백 번을 강조해도 또 강조하고 싶은, 현대인들에게 꼭 필요한 '감정 조절 능력'의 핵심입니다.

3부에서는 이런 감정 습관을 찾아가는 데 꼭 필요한 '퍼포 먼스 코칭' 개념을 중심으로 설명하려 합니다. 여기서 말하는 퍼포먼스는 제대로 된 실력을 발휘하거나 그로 인해 결과, 성과, 실적 등을 내는 것을 의미합니다. 그러려면 자기 인식, 자기통제, 자기관리 과정이 필요하죠. 퍼포먼스 코칭은 단순히 업무적, 학업적 기술을 배우는 게 아니라 실력을 발휘하는 전 과정이 원활하도록 돕는 심리적 코칭 방법인 셈이죠.

퍼포먼스 코칭은 인지행동 치료에 인지행동 코칭 개념을 더한 개념입니다. 퍼포먼스 코칭이 필요하다고 해서 '나한테 무슨 문제가 있나?' '내가 비정상이라는 얘긴가?' 이렇게 오해할 필요는 없어요. 그저 우리 모두에게는 잠재된 능력이 많고 그것을 최대한 끌어내 활용하도록 돕는 게 퍼포먼스 코칭의 역할이라는 얘기를 하고 싶어요. 최고의 집중력을 발휘해 성적을 내야 하는 학생들, 이제 막 회사에 입사해 조직 생활을 따라가기 벅찬 사회 초년생, 겹겹이 쌓인 직무 스트레스로 번아웃이 온 선임 직원들, 중압감을 견디며 조직을 이끌어가야 하는 리더들… 내 성과를 방해하고 있는 심리적 요인이 무엇인지 질문하고 찾아가다 보면 누구나 해답을 발견할 수 있습니다.

저는 누구에게나 퍼포먼스 코칭이 필요하다는 얘기를 종종 합니다. 그런데 사람들은 이런 개념은 대단한 일을 하는 이들에게나 필요한 심리인 것처럼 생각합니다. 남들 앞에 나설 일도 별로 없고 현재 생활에서도 단순한 우울감이나 무료한 기분 말고는 문제 될 게 없는데, 뭘 그렇게 거창하게 접근하냐는 거죠. 하지만 이 개념은 '어떻게 하면 자기 능력을 제대로 발휘하면서 성장을 방해하는 심리적 장애물을 제거할 수 있을까?'라는 질문에서 시작되었습니다. 그 대답은 목표 달성을 도울 자신만의 '강점'을 키우고 부정적 감정과 같은 내면적·심리적 장애물을 줄여 나가는 것입니다. 여러분도 3부에서 각자 원하는 답을 찾아갈 수 있기를 바랍니다.

정신의학
시각으로 보는
퍼포먼스 코칭

정신과 의사인 내가 처음 퍼포먼스 코칭에 관심을 가지게 된 건 2018년 전임의 시절이다. 의사들은 대개 6년 학부 생활을 마치면 인턴, 전공의 과정을 거친 뒤 전문의를 취득하게 되는데, 남자들은 전문의 이후 군의관 또는 공중보건의사 3년 과정이 추가된다. 내가 전임의(펠로)가 된 시기는 군의관을 마치고 아직 공부가 부족하다고 느낄 때쯤이었다. 중독, 트라우마 등 세부 전공을 더 공부하려고 전임의 과정을 택했는데, 이 시기에 교수님께 많은 것들을 배우면서 동료들과도 자주 나눔을 가졌다. 같은 정신건강의학과 의국에도 다른 세부 전공 전임의 동료들이 많았다. 우리는 전임의실에 옹기종기 모여 각자가 맡은 업무와 연구를 해나가는 날이 많았다.

주로 병원을 지키며 연구나 공부 관련 이야기를 나누었지만, 가끔은 이런저런 신세 한탄을 하며 서로 의지했고 시시콜콜한 정보도 나누었다.

어느 날 우연히 동료가 소개해 준 미국 드라마 〈빌리언즈〉를 보게 되었고, 그 영화는 내 인생 궤도를 바꾸게 했다. 미국에서는 정신과 의사들이 회사에 속해서 일하는 일도 흔하다는 이야기를 들었지만, 내가 이상적으로 필요하다고 생각했던 일들이 드라마에서 구현되는 모습을 보니 설레는 마음이 들었다.

드라마 속 주인공 웬디는 나처럼 정신과 의사이면서, 헤지펀드 회사에서 일하는 사람들의 멘탈 강화를 돕는 퍼포먼스 코치로 일하고 있었다. 당시 나는 인지행동 치료를 공부하며 대학병원이나 클리닉이 아닌 병원 밖에서 사람들을 만날 기회를 자주 찾으려 노력했다. 병원 밖 사람들의 마음 건강을 돕기 위해 책도 썼고, 발표 불안을 극복하는 프로그램을 꾸준히 기획·운영하기도 했다. 직무 스트레스와 관련된 조직 심리 진단을 개발하고 스타트업 대표들과 기업 코칭을 실행한 적도 있다. 하지만 이런 활동만으로 누군가를 지속 성장하도록 도울 수는 없었다. 영화에서처럼 일회성 도움이 아닌, 조직이나 회사를 지속 성장하도록 도울 수 있다면? 드라마 에피소드는 그 자체로 나를 매료시켰다. 치료 외에 더 다양한 방식으로 사람들을 만나고, 그들이 심각한 마음 문제를 겪기 전에 미리 예방할 방법을 찾을 수 있겠다는 확신이 들었다.

해외 논문과 사례를 찾아보니 인지행동 치료를 기반으로 한 코칭은 기업 및 비즈니스 분야에서 실제로 활용되고 있었다. 스트레스 관리 및 리더십 개발, 성과 향상, 학업 능력 향상, 건강 및 웰빙, 개인 성장, 자기개발 등 생각보다 다양한 분야에서, 다양한 방식으로 적용되었다. 나는 무엇보다 이 코칭 개념이 정신의학에서 질환으로 분류하는 사람들만이 아닌, 더 잘하고 싶거나 자기 능력을 최대한 발휘하고 싶은 평범한 사람들까지 도울 수 있다는 점이 매력으로 느껴졌다. 조금 더 정확히 이야기하면 마음 증상을 약물로 완화하는 방법뿐 아니라 심리적 능력을 강화하는 방법으로 변화시킬 수 있다는 게 좋았다. 더욱이 나에게는 '인지행동 치료'라는 무기가 있었기에 도전할 가치가 있었다.

퍼포먼스는 다른 사람의 감정을 이해하고, 내 감정을 조절할 수 있을 때야 비로소 자기가 가진 능력을 최대치로 끌어낼 수 있다. 압박감, 관계 스트레스, 감정에 치우친 의사결정 등 우리 능력을 방해하는 요인들이 얼마나 많은가? 그만큼 감정은 퍼포먼스와 아주 밀접한 관계에 있다. 물론 우리가 감정을 자유자재로 컨트롤하는 건 말처럼 쉽지 않다. 사람은 한평생 웃고 행복하기만 할 수 없는 존재이기 때문이다. 예측할 수 없는 일은 늘 일어나고, 그에 따라 인간의 감정은 항상 변화한다.

    심리학에서 감정을 이렇게 저렇게 분류하려는 시도는 늘 있었지만, 나는《감정의 발견》저자이자 예일대학교 감정지능센터 센터장인 마크 브래킷Marc Brackett 교수가 주장한 감정

에너지 레벨 정도 ↑↓									
	격분	공황 상태	스트레스 상황	초조한	충격	놀란	긍정적	흥겨운	아주 신나는	황홀
	격노	몹시 화가 난	좌절	날카로운	망연자실	들뜬	쾌활	동기 부여	영감	의기 양양
	화가 치밀어 오른	겁먹은	화난	초조한	안절 부절	기운 넘치는	활발한	흥분	낙관적	열광
	불안	우려	근심	짜증	거슬리는	만족	집중	행복	자랑 스러운	짜릿한
	불쾌한	골치 아픈	염려	불편한	언짢은	유쾌	기쁨	희망	재미 있는	더없이 행복한
	역겨운	침울	실망	의욕 없는	냉담	속 편한	태평한	자족	다정한	충만한
	비관적	시무룩	낙담	슬픈	지루한	평온	안전	만족	감사	감동
	소외된	비참함	쓸쓸한	기죽은	피곤	여유로운	차분한	편안	축복 받은	안정 적인
	의기 소침	우울	뚱한	기진 맥진	지친	한가로운	생각에 잠긴	평화	근심 없는	거슬리는
	절망	가망 없는	고독	소모적	진이 빠진	나른한	흐뭇한	고요한	안락한	안온한

← 유쾌한 정도 →

무드 미터 모델

의 '무드 미터 모델'이 사람들의 감정을 이해하는 데 도움이 된다고 생각한다. 이 모델에 따르면 감정은 유쾌하지 않지만 에너지 레벨이 높은 상태/ 유쾌하지 않고 에너지 레벨도 낮은 상태/ 유쾌하고 에너지 레벨이 높은 상태/ 유쾌하고 에너지 레벨이 낮은 상태로 분류할 수 있다.

우리가 아는 '평온'이란 감정을 떠올려 보자. 평온하다고 하면 좋은 감정만 가득할 것 같지만, 마크 브래킷 교수 분류에 따르면 이 감정은 에너지 레벨이 그리 높지 않다. 이런 상태는 자칫 잘못하면 지루함으로 갈 수도 있다. 그렇다면 이 감정을 긍정적이라고 봐야 할까, 부정적이라고 봐야 할까? 이런 이분법으로는 감정을 제대로 받아들일 수 없다.

미국의 심리학자 로버트 플루치크Robert Plutchik의 감정 바퀴 모델도 비슷하다. 인간의 기본 감정을 기쁨, 신뢰, 공포, 놀람, 슬픔, 혐오, 분노, 기대 여덟 개로 나누고 있지만, 이 감정 간의 교집합 부분에서 또 다른 감정이 태어난다. 감정이 축소, 확장하는 과정에서도 더 복잡한 감정이 파생된다. 그래서 감정 바퀴 표를 보면 크기가 다른 세 개의 원이 보이고, 원 가장 안쪽과 바깥쪽을 오가면서 하나의 감정은 유사하면서도 다른 새로운 감정으로 다시 태어난다. 이런 복합적인 감정을 '이중 감정'이라 부르는데, 원 가장 바깥쪽에 은행잎 모양으로 표시된 영역이 사람들이 평소 자주 느끼는 이중 감정이다.

플루치크의 감정 바퀴

이 모델을 통해 우리는 인간의 감정이 얼마나 복잡한 것인지를 이해하게 된다.

나는 퍼포먼스 코칭이야말로 감정 변화로 자주 당황하는 사람들이 살면서 꼭 알아둬야 하는 개념이라고 생각한다. 이것은 단순한 마음 치료를 넘어서 일상생활을 유연히 보내도록 도와준다. 유연함의 힘이 스트레스라는 파도를 뛰어넘게 해 성공과 성과라는 궁극의 퍼포먼스를 발휘하도록 하는 것이다.

감정 변화를 예로 설명해 보자. 우리가 삶에서 무료함을 느낄 때, 그 감정은 왜 찾아오는 것일까? 캐나다 심리학자 존 D. 이스트우드John D. Eastwood 박사는 지루함을 '만족스러운 활동에 대한 충족되지 않은 열망'이라고 말했다. 분명히 좋아했던, 만족스러웠던 일이 한순간에 불만족스럽고 따분하게만 느껴지는 상황, 그러면서 우리는 불쾌한 기분을 동시에 느낀다. 이런 상태가 오래 이어지면 감정은 우울, 불안, 화, 고통 등 더 극단적인 방향으로 나아간다.

이런 감정 변화를 이해하고 관리하기 이전에 인지행동 코칭(Cognitive Behavior Coaching, CBC)이라는 개념을 먼저 설명하고자 한다. 인지행동 코칭이란 개인이 가지고 있는 비합리적인 신념을 수정해 합리적인 행동 변화를 끌어낼 수 있도록 '코칭'하는 것을 의미한다. 인지행동 코칭은 개인의 발전을 돕거나 방해하는 신념, 행동, 감정에 특히 초점을 맞춰, 고객이 정한 영역에서 능력을 개발하도록 돕는 것으로 정의된다. 여기서 말하는 코칭은 개인이 가진 무한한 가능성을 끌어내기 위해 코치와 당사자(피코치)가 함께 잠재력을 개발하는 것이다. 이 과정으로 감정을 조절하려는 당사자(피코치)는 하고자 하는 행위의 동기가 강해지고 마침내 스스로 문제를 해결할 능력을 기른다.

퍼포먼스 코칭은 개인의 성과를 극대화하기 위해 심리적, 행동적 전략을 개발하고 실행하는 과정을 의미한다. 앞에서 설명한 인지행동 코칭과 밀접하게 연관되어 있다. 그리고 이 인지행동 코칭은 인지행동 치료(Cognitive Behavioral Therapy, CBT) 원칙에서 파생되었다. 인지행동 치료가 정신건강 문제를 치료하는 데 중점을 둔다면 인지행동 코칭은 인생에서 마주하는 장벽을 잘 뛰어넘어 삶의 질을 높이는 데 더 초점을 맞춘다. 퍼포먼스 코칭은 이 두 가지 원리의 장점을 모두 포함한다. 한마디로 치료적 요인으로 일상생활을 잘 영위할 수 있도록 '회복력'을 길러주는 셈이다. 치료는 심각할 정도로 심리적 어려움을 겪는 사람에게만 필요하다고 생각할 수 있지만, 사실 정서적인 감정 문제에서 자유로운 사람은 아무도 없다. 그러니 개인의 성장을 위해서는 이런 치유적 영역과 코칭의 장점이 모두 필요하다.

퍼포먼스 코칭이 핵심으로 관리하는 분야는 압박감과 같은 감정 조절, 관계 스트레스다. 이 두 가지는 어쩌면 생애 첫 사회생활이라고도 부르는 유치원 혹은 초등학교에서부터 요구되는 능력일지도 모른다. 대학을 졸업하고 사회에 나올 때까지 그 능력을 갖추지 않았더라도 퍼포먼스 코칭의 기본 개념을 이해하면 복잡한 감정 조절 문제를 차근차근 풀어나가면서 잃어버린 자기 능력을 되찾을 수 있다.

	CBT	CBC
목적	불안, 우울증 등 치료 목적	성과 향상, 개인 목표 달성 중심
대상	우울증, 공황, 사회불안, 강박, 완벽주의 등 문제를 겪고 있는 사람들	고성과를 목표로 하는 일반 개인
기법	비합리적이고 부정적인 사고 패턴 인식 및 수정 → 정서적·행동적 문제 해결	긍정적이고 목표 지향적인 사고 및 행동 패턴 개발 → 성과 극대화
치료 환경	치료실 (치료사가 환자의 문제를 깊이 파고들 수 있는 환경)	실용적인 환경 (변화를 원하는 당사자에게 필요한 목표 지향적인 환경)
기간	수주~수개월	장기간, 지속적으로 진행

인지행동 치료(CBT)와 인지행동 코칭(CBC) 비교

퍼포먼스 =
잠재력 – 방해 요소

    퍼포먼스를 높이고 싶다면 자기 능력을 갉아먹는 심리적 방해 요소를 제거하는 게 우선이다. 이 과정을 원활히 진행하려면 세 가지 요소가 뒷받침되어야 한다. 정확한 목표, 지속적인 피드백과 평가, 휴식과 회복 모듈이다.

    정확한 목표는 구체적인 목표와도 같은 말이다. 그리고 이 목표를 달성할 때 도움이 되는 자기만의 강점은 무엇인지, 달성에 방해되는 심리적 장애물은 무엇인지를 함께 검토한다. 이때 개인의 심리적 특성을 자세히 살펴봐야 한다. 가령 완벽주의적 성향이 강한 사람은 새로운 시도나 변화를 두려워할 수 있다. 이럴 때는 작고 구체적인 목표를 재설정할 수 있도록 코칭 과정에서 도와줘야 한다. 즉, 첫 목표를 설정하는 일은 개인이 가진 강점을 극대화하고 약점을 보완할 방법을 함께 찾아가는 중요한 과정이다.

퍼포먼스 수행 과정에서 이뤄지는 지속적인 피드백과 격려 또한 중요하다. 코칭의 피드백은 개인을 평가하는 목적이 아니기에 자신을 객관적으로 바라볼 수 있도록 돕는 역할을 한다. 피드백을 통해 긍정적인 부분은 강화되지만, 자기 결점을 직면하면 때때로 회피하고 싶은 마음이 들 수 있다. 하지만 장기적으로 봤을 때 성장에 도움이 되고 과업 수행력을 높이는 건 분명하다. 적절한 시기에 받는 객관적인 피드백은 감정 조절을 도와 목표 달성에 필요한 행동전략을 수정·보완하도록 유도하기 때문이다.

자신이 일을 제대로 하고 있는지 불안하다며 병원을 찾은 삼십 대 남성 A 씨는 회사 홍보팀에서 근무하고 있었다. 입사 초기에는 언론 대응, 회사 홍보 등 맡은 일을 열심히 하느라 바빴고 일에 대한 자부심도 상당했다. 그런데 어느 순간 스스로 일을 제대로 하고 있는지 불안해지기 시작했다. "그냥 업무를 쳐 내는데 급급하다는 생각만 들어요." 이런 상황인 그에게는 적절한 피드백이 무엇보다 중요했다.

이렇게 자기 업무에 확신이 없을 때는 계속 일을 이어나가기보다 자신의 업무 평가 기준을 확립하도록 도와주는 과정이 필요하다. 여기서 말하는 기준은 성과나 주변 반응이 아닌 스스로 업무 결과를 판단할 수 있는 내면적 기준이다. 스스로가 업무 과정 및 결과를 바라보며 과도하게 자책하거나 자아도취에 빠지지 않도록 주의를 주고, 객관적으로 돌아볼 수 있게 해야 한다. 조직에서 제대로 이뤄지지 않았던 피드백을 주는 게 급선무라고 생각한 나는 A 씨에게 업무 일지와 셀프 피드백을 적어보게 했다.

반대로 즉각적인 피드백이 필요할 때도 있다. 중소기업에서 근무하는 삼십 대 초반 B 씨는 꼼꼼한 성격을 타고났다. 10년 넘게 근무한 회사에서 대외적으로는 이미지가 좋았다. 큰 실수 없이 일하니 주변에서도 성실하고 꼼꼼하다는 평을 받았다. 하지만 B 씨 내면은 그렇지 않았다. 실수하지 않아야 한다는 강박과 남에게 피해를 주면 안 된다는 다짐 때문에 매일 늦게까지 일했다. 확인한 것도 다시 확인하고 검토하느라 쉽게 일이 끝나지 않았다. 매일 밤늦게 퇴근하던 B 씨는 지쳐서 진료실을 찾았다. 그렇게 일 처리가 늦은 자신을 자책하기 바빴다. B 씨가 치료 후 가장 먼저 변화하고 싶은 부분도 같은 내용을 몇 번, 몇십 번 확인하느라 다음으로 넘어가지 못하는 행동 패턴이었다.

"미리 안 해두면 평일에 회사에서 시간에 쫓길까 무서워요. 그래서 결국 주말에도 일을 해요. 업무 시간에 쉬지 않고 일할 때도 너무 지쳐요. 이제는 일하는 게 너무 막막해요." "ㄱ

업체에 혹시나 ㄴ 업체 서류를 보내면 어쩌지, 잘못된 금액으로 입금 처리가 되면 어쩌지…" 이런 불안을 자주 느끼는 B 씨의 경우, 강박과 불안을 일으키는 직접적인 생각을 찾도록 피드백을 줘야 한다. 퍼포먼스 코치가 정신건강의학과 의사일 때 강점이 바로 여기에 있다. 불안, 강박, 우울 등을 이유로 퍼포먼스가 낮아졌을 때 명확한 원인을 찾는 데 도움을 줄 수 있기 때문이다. 나는 많은 시간을 걱정과 불안으로 보내며 자기 할 일을 처리하지 못하는 그에게 원인이 '강박적 사고'에 있는 듯하다고 조언했다. 그 부분을 객관적으로 바라보고 오류를 점검해 부정적인 감정을 줄여가도록 피드백을 줬고, B 씨는 점차 안정을 찾아 업무를 잘 처리하게 되었다.

 A 씨와 B 씨 사례는 조금 다르지만, 공통점이 있다. 이들은 뭔가에 쫓기면서 지속적인 불안감을 안고 살아간다. '내가 처리한 일을 보고 속으로 엉망이라고 생각하면 어떡하지?' '다른 사람이 나를 실수투성이라고 생각하면 어쩌지?' '나 때문에 했던 일을 다시 처리하느라 다들 같이 일하기 싫어할 거야' '무능력한 사람으로 낙인찍힐 거야' 등등. 잘하고 싶은 마음이 지나치게 클 때 보통 이런 불안감이 생긴다. 그런데 이렇게 불안 상황이 지속되면 사람들은 외부 상황이나 주변으로만 주의를 전환한다. 주변과 다른 사람의 행동을 멋대로 추측해 잘못된 결론에 다다르게 되는 것이다. 그 결과 자기 내

면을 제대로 바라보지 못하고 오히려 자신과 주변 모든 것을 부정적으로만 바라보게 된다.

───

좋은 성과를 내고 싶을 때 우리는 어떤 노력을 해야 할까? 성과를 내는 과정이 올바른지를 점검하고 교정해 이를 반복 연습해야 한다. 일상에서 자제력이 뛰어난 사람들에게 어떤 비결이 있는지를 연구하는 학자들은 이들 대부분에게 좋은 습관이 발견된다는 사실을 밝혀냈다. 그런데 흥미롭게도 좋은 습관이 자리 잡는 과정은 퍼포먼스 코칭에서 감정을 조절하고 실행을 거듭 연습해 문제를 해결하는 과정과 매우 흡사하다. 감정을 조절하려면 생각의 습관을 바로잡아야 하는데, 만약 왜곡된 생각으로 부정적 감정이 발생하는 패턴을 발견했다면 이를 교정해 습관을 바로잡아야 한다. 연구에 따르면 습관이 자리를 잡기까지 평균 66일이 소요되고, 꾸준한 반복이 필요하다고 한다.

생각의 습관이 왜곡되었다면 이를 교정하고 강화하는 과정이 무엇보다 중요하다. 좋은 습관을 기를 때는 '열심히'보다 '올바른' 방법에 더 주목하자. 잘못된 패턴으로 열심히 간다면 그건 생각만 해도 낭패다. 완벽주의자들은 성과를 위해 자신이 뭘 더해야 할지 고민하고, 더 좋은 성과가 나오지 못함에 괴로워한다. 하지만 때로는 뭘 더해야 할지보다, 어떤 것을 덜어야 할지를 고민하고 우선순위에 집중해 실행하는 게 도움이 된다. 장작만 가득 찬 것보다 장작과 공기가 적절한 비율로 놓였을 때 불이 잘 붙고 오래 타는 것처럼 말이다.

인간 행동 연구 전문가이자 심리학자인 웬디 우드Wendy Wood는 그의 저서 《해빗》에서 재미있는 이론을 소개했다. 독일 출신 심리학자 쿠르트 레빈Kurt Lewin이 주장한 '역장 이론'이다. 레빈은 모든 물질이 물리력에 지배당하듯 인간 행동은 자신을 둘러싼 상황의 영향(힘)을 가장 많이 받는다고 주장했다. 우리가 처한 상황은 행동에 힘을 가하고, 행동하려는 힘 자체는 추진력, 그것을 막으려는 힘은 억제력으로 분리했다. 추진력과 억제력 사이에는 마찰력이 존재하고, 두 힘 사이의 투쟁 결과가 결국 상황을 이끌고 나간다. 이는 우리가 좋은 습관을 습득하고 싶을 때 의도적으로, 꾸준히 노력하는 게 필요하다는 사실을 방증한다.

이 이론에 따르면 우리는 때에 따라 상황을 재배열하고 마찰력을 잘 활용하는 방법으로 습관을 들여가야 한다. 수면시간을 더 확보하고 싶다고 다짐했을 때를 예로 들어보자. 그런데 이때 밤에 스마트폰을 하느라 생각보다 많은 시간을 지체하는 습관이 있다고 하면 이 부분에 변화가 필요하다. 스마트폰에 경고 알람을 설정해 알람이 울리면 곧장 스마트폰을 끄는 게 마찰력 배치일 수 있고, 아예 마찰력을 끊어내 추진력을 가하고 싶다면 충전기를 침실이 아닌 거실에 배치할 수도 있다. 침실로 가기 전에 스마트폰을 충전기 위에 올려두고 방으로 들어가면 검색하느라 새벽이 되는 일을 어느 정도 차단할 수 있기 때문이다.

사업가 C 씨(육십 대 여성)는 손을 대는 사업마다 늘 성공해 남들이 부러워할 만한 경제적 자유를 얻은 상태다. 그런데 2년 전 암을 진단받은 뒤 건강에 대한 불안과 걱정이 필요 이상으로 높아졌다. 그러면서 불면증이 시작되었다. 항암치료를 받으면서도 수면 루틴이 깨지면 어쩌나 걱정했고 그 일로 건강이 더 나빠질까 걱정하느라 지속적인 스트레스를 받았다. 수면제를 복용하려다가도 약물 중독이 걱정되어 밤마다 수면과 전쟁을 치러야 했다. 그에게 경제적 자유를 가져다준 임대업 관리도 심리적인 문제로 감당하기 어려운 수준이 되었다.

나는 C 씨가 불면증을 얻게 된 걱정과 불안, 그리고 그 치료 자체에 집중했다. 하지만 초반에는 밤마다 약을 먹지 않으면 일상생활이 안 될 거라는 두려움이 그를 압도했다. 이는 마찰력에 해당한다. 꾸준하면서도 의도적으로 내면에 불안을 일으키는 자기 생각에 집중하면 "오늘 잠을 못 자면 면

역력이 떨어져서 암이 재발할 것이다"와 같은 과도한 생각이 자리를 잡는다. C 씨는 그 지점을 나와 함께 발견하고 바꾸려 노력했다. 언젠가는 이 생각의 습관을 바꾸려는 추진력이 마찰력을 이기는 순간이 온다. 그 이후에야 환자는 편안함에 도달할 수 있다.

 이때 습관을 들인다는 목적으로 지나치게 경주마처럼 달릴 필요는 없다. 그 과정은 장기적인 목표로 남겨두고 추진력이 떨어졌을 때는 회복을 도모해야 한다. 여기서 말하는 휴식이 무조건 침대에 누워 잠을 자라는 의미는 아니다. 자기에게 맞는 휴식 모듈을 찾는 것부터 시작이다.

감정을 조절하는
가장 확실한 방법

성공과 성과를 원할 때 내 실행을 방해하는 감정적 요인을 파악해야 한다는 얘기를 앞에서 여러 번 언급했다. 이 요인은 어떻게 파악해야 할까? 2부에서 '나를 힘들게 하는 감정을 파악하라'고 했던 말을 기억해야 한다. 일상에서 내 감정이 어떤 식으로 반응하는지 파악하면 어떤 감정이 나를 소모적으로 만드는지, 내 실행을 방해하는지를 객관적으로 알 수 있다.

우리가 느끼는 감정과 감각을 왜 객관적으로 봐야 할까? 그냥 느끼는 대로 사는 게 편하다고 생각하는 사람들도 있을 수 있다. 하지만 지금 느끼는 감정이 왜곡된 경우는 종종 있다. 이는 사람들이 보고 듣고 기억하는 내용이 뇌에서 처리된 정보에 불과하기 때문이다. 정보를 처리하고 재구성하는 과정에서 일부 정보를 잊거나 틀린 내용으로 기억하기도 한다. 그렇기에 감정, 감각과 기억은 객관적이기보다 주관적이며 다소 불완전하다.

  감정과 기분은 외부적 요인 외에도 개인의 사고방식 같은 심리적인 상태의 영향을 받는다. 이 부분을 객관적으로 보려면 현재 내가 느끼는 감정이 과도한지, 그렇다면 그 기분 강도는 어느 정도인지 등을 먼저 살펴야 한다. 이 과정에 도움이 되는 게 바로 '쓰기'이다. 생각과 감정을 기록하는 이 방법은 인지행동 치료에서 주로 사용하는데, 상황과 함께 떠오른 부정적인 감정, 그에 따른 자동사고를 기록하는 것이다. 자동사고는 특정 상황에서 자동으로 떠오르는 생각을 의미한다. 이 생각들은 매우 빠르게 떠오르는 순간적인 감정이라서 지나고 나면 존재조차 인식하지 못할 때가 많다. 평소 부정적인 감정에 영향을 많이 받는 편이라면 이 자동사고 패턴을 기록해 보자.

  이렇게 글로 읽었을 때는 혼자 하기 어렵다고 느껴질 수도 있다. 물론 생각을 교정해 감정을 조절하는 과정은 전문가의 도움이 필요하지만, 단순히 생각과 감정을 파악하고 싶다면 어렵게 생각하지 말자. 기대했던 것보다 효과적인 게 장점이다. 그래도 막막하게 느껴진다면 내가 이전에 펴낸《90일 감정 노트》를 활용해 보길 권한다. 실제로 이 노트는 병원을 찾는 환자들과 인지행동 치료를 할 때 사용한다.

감정의 반복적인 패턴을 파악했다면 감정을 증폭시키고 있는 생각, 그 생각의 오류를 찾아보자. 개인을 괴롭히는 스트레스 상황 속에서 생각과 감정을 더 깊이 이해하는 방법, '쓰기' 작성법을 아래 예시로 정리했다.

예시

사십 대 후반 남성, D 씨

상황: 언제   지난주 수요일 오후 8시
　　　어디서   집
　　　무엇을, 어떻게   가게 운영(직원 관리, 장비·물품 구매 관련)에 대해 아내와 상의하다가 갈등이 발생했다.

감정: (가장 강렬했던 감정을 고르고 점수를 기록해 주세요. 1~10점)

분노   슬픔   우울   성취감   불안   실망   기쁨   기타
　　　　　　　　　　　　 8　　 7

그때 떠오른 생각: 아내는 나를 비롯해 가족 모두를 간섭하고 통제하려 한다.
　　　　　　　　　아내는 너무 강압적이고 경제적 효율만 따진다.

내가 상상한 최악의 결과: 결혼 생활을 유지하지 못할 것이다.

여기서 자동사고는 '그때 떠오른 생각'이다. 사십 대 후반 남성 D 씨의 상황에서 자동사고는 "아내는 매사에 간섭하고 통제해서 결혼 생활을 유지하지 못할 것이다"이고, 이 생각은 불안 감정을 유발한다. 이 생각은 '미래는 파국적이고 부정적일 것'이라 예측하는 '재앙화의 오류'를 가지고 있다. 이처럼 순간 든 생각을 기록한 뒤 끝내는 게 아니라 이 자동사고가 얼마나 현실적인지를 평가하는 과정이 필요하다. 내가 한 생각, 그때 든 감정을 객관적으로 바라보고 이를 검증하는 과정이다. 이 과정으로 사람들은 자기 생각에 얼마나 오류가 있는지, 얼마나 왜곡·편향되기 쉬운지를 깨닫는다. 흔히 범하기 쉬운 인지적 오류를 몇 가지 소개한다.

흑백논리의 오류

쉽게 말해 이분법적 사고로 판단하는 것이다. 선택지 사이에 수많은 연속적인 개념이 있는데도 그 상황을 흑과 백, 즉 이것 아니면 저것 두 개 범주로만 바라본다.

재앙화

미래를 예상할 때 현실을 고려하지 않고 무조건 파국적으로만 보는 오류. 부정적인 생각이 이어질 때 '정말 그럴까?' '그럴 확률이 얼마나 될까?'와 같은 질문이 이 오류를 피하는 데 도움이 된다.

명명하기

라벨링Labeling이라고도 부르는 명명하기는 나를 비롯한 다른 사람들, 심지어 특정 상황에 고정적이고 부정적인 이름을 붙이곤 한다. 작은 실수에도 '나는 실패자야' '완전 망했어'와 같은 표현을 쓰며 단정짓는 식이다.

과대평가·과소평가

어떤 상황이나 자신을 평가할 때 부정적인 측면을 강조하고 긍정적인 면을 최소화하는 오류. 그래서 어떤 사건에 관한 느낌이나 의미가 과장 혹은 축소된다. 어떤 프로젝트에서 1등을 했는데, 실수가 컸다는 이유로 결과를 '좋지 않다'고 평가하는 등 단점을 확대하고 '1등'이라는 성과는 축소해 받아들인다.

감정적 추론

근거를 무시하거나 생각하지 않고 감정만을 따라 결론을 내린다. 한 예로 회사에서 불편한 분위기를 느끼면 '사람들이 나를 싫어한다'로 결론짓는 식이다. 이런 경우 일상에 무수한 오해가 생기고 관계로 갈등을 겪기 쉽다.

임의적 추론

증거가 없거나 근거가 충분하지 않은데도 주관적인 판단으로 결론을 내린다. 만약 친구에게 연락했을 때 전화를 받지 않으면(바쁜 일로 전화를 받지 못했어도) 무조건 자기를 피하는 것이라 여긴다. 보고 싶은 대로 보고 믿고 싶은 대로 믿는 오류.

정신적 여과

'선택적 추상' '필터링'이라고도 부른다. 주어진 정보나 상황에서 특정 부분만 선택적으로 받아들이고 나머지 부분은 무시한다. 상황을 판단하고 해석할 때 전체를 보기보다 자기가 집중하고 있는 일부분에만 관심을 기울이는 특징이 있다.

독심술의 오류

다른 사람의 행동과 표정 등을 본인 생각대로 해석하고 추측하는 오류. 다른 사람 마음도 충분한 근거 없이 마음대로 단정하고 자신이 타인의 마음을 정확히 꿰뚫어 보고 있다고 믿는다. 간혹 예상이 맞을 때도 있지만 실제로는 아닐 때가 더 많은데도 추측하는 과정으로 자신을 괴롭힌다.

과잉 일반화

우연히 일어난 사건에도 '늘' '매번' '항상'과 같은 수식어를 자주 붙이고 일반화한다. 내가 겪은 그 일이나 상황이 정말 항상 일어나는 일인지 객관적으로 살펴볼 필요가 있다.

자기 탓

부정적인 상황이 벌어졌을 때 필요 이상으로 책임과 비난을 감수하려 한다. 이런 사고는 과도한 죄책감과 자기 비하로 이어질 수 있다. 가령 올해 회사 실적이 좋지 않은 이유를 '내가 일 처리를 제대로 하지 않았기 때문'이라고 생각하는 경우다. 실제로 회사 실적이 안 좋은 데는 다양한 원인이 있을 텐데, 전적으로 책임을 떠안고 자기를 탓한다.

인지적 오류를 알게 되면 사건이나 상황, 그에 따른 감정과 신체 반응을 더 꼼꼼하게 살필 수 있다. 이 과정으로 우리는 나를 둘러싼 상황을 더 정확히 이해하게 된다. 생각과 감정은 빠르게 스쳐 지나가지만, 돌이켜 생각하면 허점이 보인다. 그 허점을 노트에 적고 자주 보다 보면 내 감정 패턴이 어떤 식으로 부정적인 상황을 받아들이고 해석하는지가 보인다. 그 다음에는 다르게 생각해 보는 연습을 해보자. 당시 느낀 내 감정과 생각이 비합리적이었다는 사실을 깨달았다면 더더욱

이 과정이 필요하다. '혹시 내가 그 사람의 말을 꼬아봤던 건 아닐까?' '내가 아닌 다른 사람들은 그 상황을 어떻게 느꼈을까?' 등 다른 각도로 질문을 던지며 객관성을 다시 한번 검토하는 것이다.

인지치료에서 흔히 사용하는 방법은 '소크라테스 질문법'이다. 이 질문법은 무의식적으로 떠오른 생각이 객관적으로 맞는 사실인지, 증거가 있는지 등을 끊임없이 질문하며 검증하는 문답법이다. 앞에서 소개한 D 씨 사례로 돌아가면 그의 자동적 사고인 '아내는 나를 비롯해 가족 모두를 간섭하고 통제하려고 한다'에 계속해서 질문을 던질 수 있다. 과거 경험, 타인의 경험, 검증된 지식, 당사자에게 직접 물어본 결과 등을 충분히 증거로 활용하면서 질문하는 게 중요하다.

이렇게 맞다는 증거, 틀리다는 증거를 찾아봤다면 내 자동 사고에 대한 또 다른 가능성을 여러 면으로 생각할 수 있다. D 씨의 경우, 아내의 강압적인 태도가 있을 때 이혼 등 파국적인 결과 외에 다양한 결과를 떠올려 본다. [일정 부분 강압적인 태도는 있지만, 그 이외는 다 괜찮아서 결혼 생활은 유지가 잘되는 편/ 강압적인 태도가 있지만, 서로 맞추면서 지냄/ 강압적인 태도에 대해 서로 충분히 대화했고, 아내의 태도가 조금 변화함/ 강압적인 태도를 보일 때는 늘 싸우고, 스트레스를 받으며 힘들게 결혼 생활 유지/ 이제 내가 아내의 태도에 적응이 되어서 그러려니 하며

> **예시**
>
> 위의 내용을 바탕으로 한 D 씨의 자동사고:
>
> 아내는 나를 비롯해 가족 모두를 간섭하고 통제해 더는 결혼 생활을 유지할 수 없을 것 같다.
>
> | 내 생각이 맞다는 증거 | 내 생각이 틀렸다는 증거 |
> |---|---|
> | - 아는 선배도 비슷한 이유로 결혼 생활을 유지하지 못했다. | - 우리 가족에게 할 수 있는 최선을 다하고, 더 나은 방향으로 가고자 애쓰는 아내의 모습이 좋다.
- 통제하려는 특정 부분 외에는 시간 약속, 상냥한 말투, 일 문제 등 내 스타일에 맞추려고 노력한다.
- 결혼 초와 비교하면 간섭이 많이 줄었고, 아내도 변하려고 노력하고 있다. |

생활함]

이런 추가 기록은 '강압적인 태도를 보이는 아내와의 결혼 생활을 유지하기 어렵다'는 자동사고의 대안적 결과를 찾아가는 과정이다. 그 과정에서 자동사고가 달라지면 '상대방이 꼭 내가 생각한 대로 행동하거나 반응할 필요는 없다' '아

내는 아내가 생각하는 최선의 생각을 말했을 뿐이다' 등 조금 다른 결과를 도출할 수도 있다. 기록은 한두 줄이라도 좋으니 매일 적기를 추천한다.

    생각을 바꿔 감정을 조절하는 것이 혼자 하기 어렵다면 정신과 전문의에게 직접 디지털 퍼포먼스 코칭(QR 참고)을 받아보자. 디지털 워크북이 코칭 과정을 더 쉽고 효과적으로 만들어줄 것이다.

인공지능이
퍼포먼스 코칭을 해준다면

현대사회에서 디지털 및 인공지능(AI) 기술은 다양한 분야에서 혁신을 이끌고 있다. 챗 GPT와 같은 생성형 AI 기술을 사용해 본 사람들은 이해하겠지만, 이제 우리 삶에서 기술 사용을 활용한 변화는 거스를 수 없는 부분이 되었다. 어떻게 피할까가 아니라 어떻게 받아들일까가 핵심이 된 것이다.

오래전에는 살을 빼려면 단식원에 들어가거나 무작정 굶는 경우가 많았다. 이제 사람들은 헬스장에서 트레이너와 함께 운동하거나 식단을 조절하는 방식으로 몸매를 관리한다. 최근에는 직접 대면하지 않아도, 디지털 플랫폼과 앱을 활용해 다이어트 코칭을 받을 수 있다. 대표적인 예로 눔Noom은 다이어트 코칭 프로그램을 제공하는 앱 기반 서비스로, 인지행동 치료 기법을 바탕으로 사람들의 체중 관리를 돕는다. 눔의 경우 사용자가 자신의 목표와 현재 상태를 입력하면 AI가 이를 분석해 개인 맞춤형 식단과 운동 계획을 제시하는 식이다. 또한 정기적으로 코치의 피드백과 심리적 지원을 받을 수 있어서 사용자는 체중 감량에 꾸준히 동기부여를 얻게 된다. 실제 연구 보고에 따르면 사용자 중 78퍼센트가 프로그램을 이용한 9개월 후 체중 감량에 성공했다. 또한 눔 사용자들은 식습관과 운동 습관을 지속 개선하는 긍정적인 변화를 경험했다고 한다.

이런 기술의 발전 흐름은 심리 분야에서도 비슷하다. 물론 심리 분야에서는 그 어떤 것보다 교감이 중요하기에 사람을 대체하기는 어려울 거라는 의견이 대다수다. 하지만 개인적으로는 완전히 대체하지 않더라도 기술을 잘 활용·적용하는 게 필요해 보인다. 처음부터 계획한 것은 아니지만, 인지행동 치료를 연구·개발하다 보니 디지털 인지행동 치료 프로그램까지 개발하게 되었다. 우리 연구팀은 더 많은 이들에게 효과적인 치료와 코칭을 전달하는 방법에 집중했고, 종착역이라고 할 수는 없지만 계속해서 디지털 프로그램 연구에 박차를 가하고 있다.

디지털 프로그램 개발 과정을 돌아보면 순탄치는 않았다. 연구진과 개발팀 모두 각자 분야만 알고 있는 사람들이었고,

그래서 서로 설명하는 내용을 완벽히 이해하지 못했다. 수많은 실패와 좌절, 더딘 속도, 예상치 못한 추가 비용 등 장애물은 너무 많았다. 서버를 임대해서 프로그램을 개발하는 일은 생각하지 못한 돌발 변수가 많았고, 계획대로 되지도 않았다. 어느 달에는 의사소통 오류로 사용하지도 않은 서버 비용이 수백만 원씩 청구되어 낙심한 적도 있다. 솔직히 '병원 진료에만 집중할까?' 생각하기도 했다.

게다가 나는 디지털 기술과 그리 친한 사람이 아니다. 컴퓨터, 핸드폰 등 개인 소유 전자기기도 자유롭게 다루지 못하는 내가 불특정 다수를 위한 디지털 프로그램을 개발한다니. 나에게 쉽지 않은 이 길을 걷는 이유는 한 가지다. 직접 대면 상담하는 과정의 현실적인 한계를 누구보다 잘 알고 있기 때문이다.

면대면face to face으로 인지행동 치료를 시행하는 과정의 장점은 직업적 사명감과 만족감을 함께 채울 수 있다는 것이다. 사람들은 저마다 필요한 심리교육이 다르고 그에 맞춘 치료 과정을 직접 시행하다 보면 무엇보다 환자들의 변화를 함께 지켜볼 수 있어서 즐겁고 뿌듯하다. 생각을 바꿔서 감정을 조절하고 홀로서기를 할 수 있게 된 사람들을 바라본다는 건 정신건강의학과 의사로서 매우 보람찬 일이다.

하지만 대면 인지행동 치료의 가장 중요한 한계점은 시간적 제약이다. 한 명을 상담하려면 한 시간 정도 함께 진행해야 하는데, 그렇게 되면 하루에 만날 수 있는 인원수가 극히 제한된다. 나는 한 명이고 하루에 내가 만날 수 있는 사람은 많아야 여덟 명이다. 시간의 한계점을 극복하기 위해 그룹 인지행동 치료를 시작해 봤다. 1 대 1로 만나는 것보다 효율적이고 더 많은 사람을 도울 수 있었지만, 이번에는 같은 고민을 하는(같은 심리교육이 필요한) 사람을 한날한시에 같은 장소로 모으는 게 어려웠다. 바쁜 현대인들은 변화하고 싶어도 업무 외 시간을, 게다가 모르는 사람들과 시간까지 맞춰가며 내기가 쉽지 않다. 이때부터 나와 우리 팀은 고민에 빠졌다. 어떻게 하면 더 많은 이들이 이런 좋은 치료를 받을 수 있을까를 고민하며 치열하게 토론했다. 고민 끝에 그 해답을 디지털 기술에서 찾은 것이다.

그때부터 해외 연구논문이나 해외 클리닉 사례를 수집하며 어떻게 하면 조금 더 효율적인 시스템을 구축할지 고민했다. 그러던 어느 날 CCBT라는 개념을 접하게 되었다. 이는 'computerized CBT'의 줄임말로 전통적인 인지치료 방식에 디지털 콘텐츠를 접목한 것이다. 이는 해외 우울증 극복 beating the blues 프로그램을 시디롬 CD-ROM 형식으로 제공하는 서비스 형태로 시작되었고, 심리교육과 연습 과제를 수행하며 인지행동 치료의 기본 개념과 기술을 배우는 형식이었다.

지금은 인터넷과 모바일 기술이 발달하면서 이런 콘텐츠의 업데이트가 훨씬 빨라졌고, 덕분에 온라인 서비스로 제공하는 인지행동 치료 효과도 날로 증대하고 있다. 기술력이 심리교육과 연습 과제 설명에 드는 시간과 노력을 줄일 수 있다면 꽤 효율적일 거라는 생각으로 준비하던 중 '클래스 101'이라는 인터넷 강의 사이트에 참여할 기회가 생겨 시작해 보기로 했다. 퇴근 후 영상을 기획하고 촬영하는 등 속도를 내는 일이 쉽지 않았고, 시행착오도 많았다. 심리교육 인터넷 강의로 더 많은 이들을 돕는 과정은 시작만으로 의미 있는 성과였다. 하지만 아직 기술적으로 부족한 부분이 많았기에 우리 팀은 자체적으로 촬영, 편집, 워크북 개발을 진행했다. 완벽하지는 않아도 치료에 도움이 될 만한 알파버전의 디지털 프로그램 시스템도 구축했다. 실제 대면 치료에서 프로그램을 활용하면서 업무 효율은 더 높아졌다. 기존에 한 명쯤 가능하던 치료 시간에 세 명을 치료할 수 있었다. 치료를 거듭하면서 심리교육과 연습 과제 등 워크북을 세부적으로 표준화해 누가 치료하더라도 비슷한 효과를 만들어냈다.

디지털 문외한인 내게 CCBT 개발 경험은 인터넷 기반 인지행동 치료iCBT의 개발 및 구축 열망으로 나아갔다. 그 뒤로 2년간 우리 팀에는 개발자가 합류했다. 그 결과 완벽주의를 조절하는 디지털 인지행동 치료 프로그램인 '퍼펙트 케어',

영재들을 위한 심리 검사 프로그램 'AHA' 등 다양한 연구·개발 활동을 이어가게 되었다. 모바일 앱이나 온라인 플랫폼, 인공지능 등 다양한 정보통신기술(ICT)은 비용 및 치료 효율성을 높이고 더 많은 이들에게 접근 가능성을 제공한다. 이제는 인지행동 치료뿐 아니라 퍼포먼스 코칭도 디지털 기술을 접목해 비교적 낮은 비용으로 누구나 장소·시간 제약 없이 이용할 수 있게 되었다. 그다음 목표는 인공지능 기술을 바탕으로 한 개인 맞춤형 프로그램 제공이다. 이 프로그램이 앞으로 어떻게 고도화될지 벌써부터 설렌다.

디지털 및 AI 기반 퍼포먼스 코칭 시스템의 주요 장점은 접근성, 개인화, 효율성, 자신의 데이터 분석, 비용 효율성이다. 언제 어디서나 코칭을 받을 수 있고, 개인의 필요와 목표에 알맞은 맞춤형 코칭을 제공받을 수 있다. 무엇보다 구조화된 프로그램이기에 그렇지 않은 면대면 상담과 코칭에 비해 편차가 적고 시간을 최적화할 수 있다. 자기 기분과 생각의 패턴을 조금 더 객관적인 데이터로 바라볼 수도 있다.

일반 상담과 코칭은 어떤 질문과 대답을 하느냐에 따라 세션에서 다루는 내용이 달라지므로 예측 불가능한 지점이 생기기 마련이다. 코치나 치료자가 달라지면 질quality적 차이가 생기는 것도 문제다. 아직 인공지능으로 치료와 코칭을 모두 받을 정도로 기술이 발달한 상황은 아니지만, 현재까지 개발된 우리 프로그램으로 충분히 지역, 시간적 제약을 뛰어넘을 수 있다.

퍼포먼스 코칭 과정은 첫 세션에서 목표를 설정한다. 대인관계 스트레스로 감정 조절이 어려운 사람, 업무에 몰입하기 어려워 고민인 사람, 평소에는 괜찮은데 압박감이 높아지면 제 실력을 발휘하지 못하는 사람, 일중독으로 번아웃을 경험한 사람 등 각자 능력을 높이고 싶은 이유와 목표를 구체적으로 정해야 한다. 이 단계에서 목표를 잘 세우면 어떤 점을 강화하고 어떤 부분을 극복할지를 정확히 이해할 수 있다.

목표와 장애물을 파악했으면 방해 요소가 될 만한 부분을 고칠 수 있는 내면적 힘을 길러야 한다. 무엇보다 감정을 조절하는 게 중요하므로 그에 필요한 심리적 훈련을 받게 되는데, 여기에 인지행동 기법이 사용된다. 코치인 나는 수행자가 중간중간 과제를 잘 시행하고 있는지 대면과 비대면으로 계속해서 피드백을 준다. 그렇기에 목표에 더 가까이 다가갈 수 있는 것이다. 목표 달성을 돕는 행동, 감정, 생각 세 가지 영역을 조절하는 셈이다.

달성하고자 하는 성과와 목표를 설정하는 첫 단추는 생각보다 중요하다. 단순히 내가 원하는 목표나 바라는 결과를 설정하는 것과 다르게, 성과에 영향을 줄 부분 중 스스로 통제할 수 있는 영역과 아닌 영역을 구분해야 하기 때문이다. 만약 발표를 자신감 있게 잘하고 싶다는 목표를 설정한 사람이 있다면, 그것을 이루지 못한 원인을 찾아야 한다.

사람들에게 부정적인 평가를 받거나 지적을 받는 과정이 두려워 발표를 제대로 하지 못했다면 그는 두려움, 걱정이라는 심리적 장애물이 문제인 상황이다. 이럴 때는 걱정, 불안을 줄이는 코칭이 먼저 이뤄져야 한다. 감정을 그대로 둔 채 아무리 자신감 강의, 스피치 기술, 기교 등을 훈련해도 성과는 바로 나오지 않는다. 구체적인 목표는 곧 목표 달성에 진전이 있는지, 성공 가능성이 어느 정도 수준에 이르렀는지 등을 바라볼 지표가 되고, 성공 여부를 가르는 행동 조절 능력에 영향을 미친다.

이렇듯 디지털 프로그램이라고 해서 인간적 요소는 제거되고 기술에만 의존하는 건 아니다. 대면 코칭이나 치료의 효율성을 높이는 도구로 적극 활용하는 것일 뿐이다. 뒤이어 디지털 퍼포먼스 코칭을 이용해 압박감, 관계 스트레스 등 감정적 문제를 이겨낸 사례를 소개하려 한다. 프로그램이 진행된 과정과 결과를 살펴보면 퍼포먼스 코칭을 더 쉽게 이해하고 신뢰할 수 있을 것이다.

부록 : 디지털 퍼포먼스 코칭 프로그램 연구 및 사례 보고

인지행동 치료 연구와 실전의 만남

- 사례 1 관계의 기술
- 사례 2 스트레스와 압박감에서 해방되다
- 사례 3 진정한 휴식을 얻다

퍼포먼스 감정 코칭 프로그램 후기

인지행동 치료 연구와
실전의 만남

정신과 의사로서 수년간 임상경험을 쌓아오며, 사람들의 마음 건강 문제를 어떻게 해결하고 성장을 도모할지 꽤 오래 고민했다. 전공의 시절에는 뇌과학과 약물치료, 그리고 정신치료를 연구했고, 대학병원 정신건강의학과에서 전임의와 조교수로 근무하는 동안에는 많은 스승님·동료들과 교류하며 이 분야 연구의 필요성을 거듭 익히고 배웠다. 솔직히 처음에는 심리 연구가 과연 얼마나 정확하고 실용적일지 의문이 들었다. '이런 방법이 사람들을 치료하는 데 정말 도움이 될까?'라는 생각이 자주 머릿속에 맴돌았다. 하지만 실제로 연구에 참여하고 그 결과를 눈으로 확인하면서 내 생각은 완전히 바뀌었다. 그래서 지금도 나는 병원과 인지행동 치료센터를 운영하면서, 사비를 들여서라도 인지행동 치료 연구와 개발에 꾸준히 투자하고 있다.

내가 기획한 첫 연구는 2020년에 시작한 '학업 성취도와 관련된 심리적 요인' 규명 프로젝트였다. 고성과를 원하는 사람들을 위한 퍼포먼스 코칭에 관심을 가진 것도, 어찌 보면 남들보다 '잘하는' 심리적 한 끗 차이가 궁금했기 때문인데, 내 첫 연구 프로젝트도 비슷한 결이었다. 공부를 잘하려면 지능이나 재능도 물론 중요하지만, 그 외에 남들과 분명하게 다른 심리적 요인이 있을 거라고 확신했다. 이는 어린 시절부터 한결같이 내가 궁금해했던 부분이기도 하다. 그래서 전임의 시절 만난 동료들과 연구팀을 결성했고, 대한민국에서 학업 성취도가 가장 높기로 유명한 서울대 의대 학생들의 심리적 요인을 본격적으로 연구하기 시작했다.

연구를 기획하고 진행하는 과정이 순탄하지만은 않았다. 연구 윤리 위원회는 날카로운 질문을 계속 던졌고, 그에 맞춰 우리는 연구 계획을 계속 보완, 수정해야 했다. 그러는 동안 '과연 이걸 통과할 수 있을까?' 고민이 들기도 했다. 연구 대상이 될 학생들을 설득하는 과정도 쉽지 않았다. 항상 바쁜 학생들에게 우리 연구 목표를 거듭 설명해야 했고, 다행히 우리 뜻에 동의한 친구들이 한 명, 두 명 연구에 참여해 줬다. 고생 끝에 서울대 의대 학생들 102명과 서울 소재 대학 재학생들 120명의 심리적 요인이 추려졌을 때 작은 승리를 맛본 기분이었다.

이들의 학업 성취도는 수능 성적으로 평가했고 심리적 요인은 검증된 설문 도구를 사용해 스트레스 대처 방식, 성격 특성, 시험 불안, 회복탄력성, 완벽주의, 학업적 자기효능감 등을 측정했다. 우리 팀은 이 소중한 데이터를 분석해 학업 성취도와 심리적 요인에 관한 흥미로운 사실들을 밝혀냈고 그 내용을 바탕으로 논문을 작성했다. 그리고 마침내 이 논문을 국제학술지 〈BMC 사이콜로지 BMC Psychology〉에 발표했다.

이 연구에서 가장 흥미로운 발견은 시험 불안, 완벽주의, 신경성 neuroticism과 같은 심리적 요인이 학생들의 성적에 지대한 영향을 미친다는 사실이었다. '완벽해야 한다'는 압박감에서 자유로운 학생일수록 성적이 우수하다는 사실은 여러 가지로 시사하는 바가 크다. 그 말은 곧 타인의 기대나 부담 같은 무거운 짐을 내려놓아야 더 빨리 달릴 수 있다는 의미이기 때문이다. 타인이나 사회의 높은 기대로 압박감을 많이 느끼는 사람들은 완벽주의 유형 중 '사회 부과적 완벽주의'로 분류한다. 이런 완벽주의가 강할수록 다양한 심리 문제를 일으킬 수 있고, 학업 몰입력 또한 떨어진다. 우리 팀 연구에서도 공부 잘하는 학생들은 오히려 완벽주의 총점이 낮은 편이었고, 특히 사회 부과적 완벽주의 유형 점수는 평균 70.5를 기록했다. 일반 학생들의 평균 점수가 78.0인 것에 비하면 꽤 낮은 점수였다. 이는 타인의 기대에 부응하려는 강박에서 벗어나 자신만의 기준을 세우는 것, 그리고 그걸 따르는 것이 학업 성취에 도움이 된다는 사실을 보여준다.

연구 결과로 우리 팀이 하고 싶은 이야기는 '한국처럼 경쟁이 치열한 교육 환경일수록 학생들이 자신을 더 잘 이해하고 감정을 조절하도록 돕는 교육적 접근이 필요하다'는 관점이었다. 사실 우리나라는 선행학습과 같은 교육법에만 더 관심을 쏟지, 정작 중요한 학생들의 감정과 스트레스 관리는 거의 신경 쓰지 못하고 있다. 오히려 후자를 챙기는 게 더 좋은 학업 결과를 내는 방법인데도 말이다. 이 연구 이후 우리는 영재 청소년, 과학고 학생들의 정신건강에 더 많은 관심을 두었고, 그 결과로 청소년 심리 치유를 목적으로 한 〈영재들의 감정 수업〉 강좌(QR 1 참고)를 온라인으로 진행하게 되었다.

QR 1

심리적 요인이 학업 성취도에 직접적인 영향을 미친다는 사실을 깨달은 뒤, 나는 인지행동 치료를 기반으로 한 퍼포먼스 코칭이 학생뿐 아니라 더 나은 성과를 기대하는 많은 이들에게 중요한 역할을 할 수 있으리

라는 확신을 갖게 되었다. 그래서 그 뒤로도 인지행동 치료로 감정을 조절해 학업 성취도, 학습 능력, 업무 능력 등을 높이도록 많은 이들을 도왔다. 연구와 실제 사례를 KBS 뉴스 (QR 2 참고)에서 취재해 방송으로 내보낸 적도 있다.

QR 2

다시 요약하면 시험 불안, 과도한 완벽주의 등은 단순한 스트레스를 넘어서 성취를 저해하는 장애물일 수 있다. 하지만 이를 적절히 관리하고 극복할 수만 있다면 학생들은 자기가 가진 잠재력을 최대한으로 발휘할 수 있다.

첫 번째 연구와 성과 이후 나는 조금 더 범위를 넓혀 디지털 인지행동 치료 프로그램을 개발하게 되었다. 그렇게 탄생한 퍼펙트 케어(완벽주의 디지털 인지행동 치료 프로그램)는 앞선 연구의 효과성을 검증하는 도구 역할도 한다. 우리 연구팀은 IT 개발 인력을 꾸려서 프로그램을 만들었고, 을지대학교병원 오상훈 교수와 충북대학교병원 이정환 교수가 디지털 인지행동 치료 연구를 함께 이끌어주었다.

든든한 팀이 있었음에도 IT 개발 과정은 그야말로 롤러코스터 같았다. 왜 굳이 일을 만드냐고 누군가 물으면 "그냥 비싼 취미생활"이라며 웃고 넘겼지만, 사실은 매번 위기였다. 개발자가 몇 번이나 바뀌면서 그동안 쌓아온 것들이 여러 번 무너지는 과정도 경험했다. 경제적인 손해도 만만치 않았고 기대와 실망이 교차하며 마음고생도 꽤 했다. '정말 끝이 없구나' 하는 생각이 들 때도 많았지만, 과정 과정이 배움의 연속이었기에 그나마 견딜 수 있었다.

퍼펙트 케어가 완벽주의에 따른 불편함을 개선하는 데 효과가 있다는 결과를 도출했을 때 그간의 노력이 헛되지 않았다는 확신이 들었다. 효과성은 확인했으나 불특정 다수에게 통용되기에는 아직 불완전하다. 기술력을 고도화하는 등 더 개발해 나갈 필요가 있다. 하지만 임상적 연구 결과는 앞으로 우리가 나아갈 방향이 틀리지 않았음을 알게 해주었다.

인지행동 치료는 사람들이 흔히 겪는 심리적 장애물을 극복하는 데 매우 효과적인 치료법이다. 이 과정은 학생들이 자신감을 가지고 학업에 임하도록 돕고, 긍정적인 사고방식을 키우며, 목표를 향해 나아갈 힘을 길러준다. 이것은 퍼포먼스 코칭의 핵심이기도 하다. 이 과정을 통해 사람들은 단순히 성과를 높이는 것을 넘어서, 삶에서 마주하는 다양한 도전 과제를 성공적으로 극복할 능력을 키울 수 있다.

여기가 끝은 아니다. 지금은 퍼포먼스 코칭이 현실 속에서 어떻게 작용하고, 실제로 어떤 변화를 이끌지를 더 지켜보며 깊이 이해하는 과정이 더 중요하다고 본다. 뒤이어 소개할 여러 사례는 퍼포먼스 코칭이 가져오는 긍정적인 영향을 직접 탐구하는 데 도움이 되길 바라는 마음에 사례자들의 동의를 구해 실었다. 누군가가 달성하고 싶은 목표를 세웠고 그 여정을 걷고 있다면 책에 실린 이 이야기들이 실질적인 방법을 찾는 데 힌트가 되길 바란다. 우리 모두 최고가 될 잠재력을 가지고 있다는 사실을 잊지 않았으면 한다.

사례 1
관계의 기술

"눈치 보거나 주눅 들지 않으면서도
사람들과 잘 지내고 싶어요."
— 사십 대 여성 A 씨, 회사원

    사람들은 누구나 사회에 던져지면 원하든 원치 않든 관계를 맺어야만 한다. 그 안에서 크고 작게 관계 스트레스, 즉 마음의 갈등을 겪는 건 당연한 순서다. 실제로 진료실을 찾는 청소년과 부모, 부부, 회사원 등 다양한 계층의 사람들이 털어놓는 고민을 들어보면 갈등의 본질이 '관계'에 있는 경우가 허다하다.
    정신과 의사인 나도 예외일 수는 없다. 나 역시 항상 사람들에게 둘러싸여 있는 직업이기에 갈등을 피할 수 없다. 친밀한 관계일수록 어려움은 더 커진다. 무작정 갈등을 외면할 수도 없고 특히 가족이나 직장 동료처럼 매일 얼굴을 봐야 하는 사이라면 '단절'이 답이 될 수 없기에 마음은 더 힘들어진다. 단순히 대화가 부족한 게 문제일까? 아니면 관계를 해석하는 자기만의 방식을 바꿔야 할까?

"반갑습니다." A 씨를 처음 만난 날, 그는 전형적으로 예의 바르고 다소곳한 인상을 풍겼다. 퍼포먼스 코칭을 위한 촬영으로 첫 만남을 갖게 되었는데, 착한 사람이 분명하다는 생각이 들 정도로 느낌이 좋은 사람이었다.

매사에 열정적이고, 잘하고 싶은 마음이 강한 A 씨는 회사에서 사람들과 관계가 늘 어렵다고 말했다. 특히 협업 과정에서 갈등 없이 다 같이 프로젝트를 잘 해내고 싶은 마음이 컸는데, 그 바람이 좌절될 때마다 조금씩 상처를 입었고, 그때마다 지치는 기분이 들었다고 한다. 주변 사람들은 A 씨가 완벽주의자라고 했지만, 정작 본인은 그 말이 이해되지 않았다. 거창한 꿈이나 포부가 있어서가 아니라, 단순히 조직에서 여럿이 하는 일을 잡음 없이 끝내고 싶었을 뿐이니 말이다. 물론 처음부터 관계가 삐걱거렸던 건 아니다. 직장 내 누구와도 호의적인 관계를 이어갔지만, 미묘한 감정선으로 다른 동료에게 실망하거나 상처받는 일이 생기다 보니 나중에는 팀원들과 일할 때 몰입이 쉽지 않을 만큼 그들을 의식하게 되었다. 그가 퍼포먼스 코칭을 신청한 계기도 거기에 있었다.

> **A 씨가 느낀 점 |** 어려서부터 '착한 사람이 되어야 한다'는 말을 듣고 자란 장녀다. 그래서인지 어느새 모두에게 착한 사람이 되어야 한다는 생각이 강해졌고, 본의 아니게 타인의 평가에 신경을 많이 쓰게 됐다. 어렸을 때 동생이 문구점에서 뽑기를 한 적이 있다. 그때 인형이 나왔는데, 아저씨가 인형 대신 다른 걸 줘 동생이 크게 울었다. 그때 나는 아저씨에게 따지기보다 오히려 아저씨 편을 들며 "인형이 아니라 다른 거였나 봐"라며 동생을 다독였다. 나는 왜 문구점 아저씨 편을 들고 동생 편을 들지 않았을까? 나는 가족인 동생보다 문구점 아저씨에게 착한 사람이라는 말을 들어야 한다고 생각했던 것 같다. 지금 생각하면 너무 바보 같다.

"오늘까지 문서를 제출해 주세요." 타 부서 동료에게 사전에 합의되지 않은 업무 요청 메시지를 갑자기 받은 어느 날, 그는 크게 마음이 무너졌다. 이런 문자를 받고 나니 한동안은 '내가 뭘 잘못했지?' 하는 생각이 A 씨 머릿속을 떠나지 않았다고 한다. A 씨는 자신이 어느 상황에서든 주눅 들지 않고 관계를 맺는 사람이길 바랐다. 그래서 사회생활 초기에는 관계 자체에 기대치가 높았는지도 모른다. 그랬던 그가 점차 사람들을 사귈 때 스스로 브레이크 거는 일이 많아졌다. 이 사람은 이래서, 저 사람은 저래서 내가 더 조심해야겠다, 저 사람은 나랑 잘 맞지 않는구나, 등등 여러 생각을 하다 보니 관계에서 늘 눈치를 보게 되고 주눅도 들었다. 그게 결국 일로 이어졌다. 같이 일하는 사람들에게 상처를 줄까 봐 걱정하느라 일 자체에 집중하는 과정이 어려워진 것이다. 하지만 그는 여전히 좋은 성과를 내고 싶어 했다.

나는 A 씨에게 "몸싸움은 싫지만, 경기에서는 이기고 싶은 축구 선수 같다"고 설명했다. 그리고 우리가 함께하는 퍼포먼스 코칭은 갈등을 어느 정도 수용하면서 경기에 이기기 위해 집중하는 법을 익히는 훈련 과정이 될 거라고 설명했다. 그러려면 먼저 그의 강점을 객관적으로 살펴야 했다.

A 씨는 기본적으로 열정적인 성향을 타고났고, 매사 배우려는 자세로 임한다. 관계를 맺을 때도 섬세하고 다정해서 상대방의 감정을 잘 알아차리고 늘 배려한다. 이런 강점들은 관계 스트레스를 극복하는 데 도움이 될 수 있기에 이를 극대화하는 방향으로 코칭을 진행했다. 먼저 자기 생각과 감정을 분석하는 과정을 연습했다. 스트레스를 받을 때 자기도 모르게 자주 활용하는 대처 패턴을 수정하려면 먼저 자기 생각과 감정 패턴을 파악해야 하기 때문이다.

나는 A 씨와 함께 그가 어떤 상황에서 무엇 때문에 관계 스트레스를 많이 받는지 살펴봤다. 보통 직장에서 관계 스트레스를 받는다고 하면 괴롭히는 상사, 동료들의 따돌림, 후배들의 무시 등 다양한 상황을 떠올리지만, 실제로는 이런 '빌런'이 딱히 없는 미묘한 갈등인 경우도 꽤 있다. 중요한 건 상대가 보이는 무례한 행동이 아니다. 내가 그들을 어떻게 해석하고 받아들이고 있는지, 얼마나 불편한지 등을 깊이 생각해야 한다.

A 씨는 타 부서에서 자기 부서 상황을 고려하지 않은 채 급하게 협업 요청을 할 때마다 당혹감을 느꼈다. 가슴이 철렁하거나 머릿속이 하얘지는 등 신체적 증상도 문제였지만, 그보다 핵심은 준비되지 않은 상황에서 일을 처리할 때 자신이 제대로 해내지 못할까 봐 결과를 걱정하는 마음이었다. 이 핵심 생각이 당황하는 감정을 증폭시켰고, 그럴수록 더 당황하고 실수하는 악순환에 빠졌다.

이는 '자동사고'라는 생각 패턴에서 비롯된다. 자동사고는 가령 A 씨가 '내가 제대로 일 처리를 못하면 다들 실망할 거야'라는 식으로 떠올리는 자기만의 생각을 의미한다. 이 생각은 대부분 사실이 아니거나 정확히 알 수 없는 추측에 불과하다. A 씨의 자동사고도 자신의 느낌이나 추측에 가까운 '감정적 추론' 혹은 다른 사람의 마음을 읽으려는 '독심술의 오류'에 해당했다. 꼭 A 씨뿐만이 아니라 관계 스트레스와 민감성으로 스트레스를 받는 다른 이들에게서도 자주 목격되는 패턴이다. 이들은 대체로 섬세하고 눈치가 빠른 편인데, 그럴수록 과거 자신의 예감이 맞았던 경험이 많기에 쉽게 이런 오류에 빠진다.

"내가 제대로 대처하지 못하면 동료들이 나를 일 못하는 사람이라 생각할 것이다." "업무에서 당황하거나 실수하면 다른 사람들은 내 업무처리가 미숙하다고 판단할 것이다." A 씨는 자신의 이런 부정적인 생각이 결국 업무 몰입을 방해하는 주요 요인이었다는 사실을 깨달았다. 그리고 자동사고, 즉 생각 패턴을 바꿔 가는 과정에서 A 씨는 쓸데없는 오해로 감정이 소모되어 업무에 지장을 겪는 일이 크게 줄었다.

생각을 바꾸려고 노력하는 과정에서 나는 그에게 '최악의 결과, 최상의 결과, 그리고 현실적인 결과'를 구분해 찾아보는 기법을 권했다. "정말로 남들이 A 씨를 일 못하는 사람으로 본다면 최악의 결과는?" "직장에서 인정받지 못하거나 성취감을 느끼지 못하게 될 것이다." "그렇다면 최상의 결과는?" "다른 사람들 생각과 상관없이 일할 수 있을지도. 그래서 스스로 만족감을 느끼고 좋은 성과를 낼 수도 있다."

이런 식으로 질문하며 스스로 답을 내는 동안, A 씨는 사람들의 평판과 개인의 업무적 성과·만족도를 독립적으로 구분해 바라보게 되었다. 자기 생각을 적고 반박하는 과정을 이어가다 보니 어느 순간 머릿속이 명쾌하게 정리되는 '유레카'를 경험했다고도 했다. 이처럼 자기 생각과 감정을 적고 들여다보는 과정은 그 자체로 힘이 있다.

> **A 씨가 느낀 점 |** 내가 다른 사람의 기준으로 나를 평가할 때 남들도 나를 더 낮게 평가한다는 생각이 들었다. 최악의 결과와 최상의 결과를 생각하고 현실을 보니, 내가 너무 최악의 상황만 생각하고 있었다는 사실을 자연스럽게 깨달았다.

생각이 바뀌니 A 씨 마음에도 큰 변화가 찾아왔다. 그의 표현을 옮기자면 '마음에 바람이 부는 듯 편안함이 느껴졌다'고 한다. 예전에는 불안에 휩싸여 다른 사람들과 함께 있어도 혼자 끈을 놓지 않으려고 줄다리기하는 느낌이었다면, 이제는 가벼운 마음으로 자기 일에 집중할 수 있게 되었다. A 씨는 지금껏 자신이 상대방 눈치를 보는 건 배려라고 생각해 왔다. 하지만 퍼포먼스 코칭을 진행하면서 사실은 그 시간 동안, 자신은 배려가 아니라 부정적인 생각에 빠져 있었다는 걸 깨달

왔다. 그 생각 패턴이 오히려 상대가 자신에게 다가올 기회마저 빼앗았다는 사실도 알게 되었다.

자기 생각의 덫에서 그가 빠져나오기까지 걸린 시간은 불과 17일이다. 상황이나 타인의 기질을 바꾸는 게 아니라 자기 생각만 전환하면 되는 일이기에 이 짧은 시간으로도 충분했다. 결국 우리를 가로막는 것은 상황 자체가 아닌, 그 상황을 바라보는 우리의 시선이다. 시선을 바꾸면 삶도 바뀐다.

> **A 씨가 느낀 점 |** 출근하면서 사무실 문을 열기 전 심호흡을 한 번 하곤 했는데, 이제는 바로 문을 열고 들어간다. "안녕하세요" 하고 인사하는 목소리도 전보다 커졌다. 굳었던 몸과 마음이 말랑말랑해지면서 보드라운 바람이 뺨과 목덜미를 스쳐 지나간다. 언덕에 올라 보드라운 바람을 맞이하는 만화 속 주인공의 모습이 떠오른다.
>
> 지금까지 내가 쌓아온 '모두에게 좋은 사람'이 되어야 한다는 강박은 오히려 '타인은 나를 부정적으로 본다'는 결론을 정하게 했다. 거기서 벗어나려고 발버둥 칠수록 그 생각은 더 강화되었다. 인지행동 치료를 만나지 못했다면 이 굴레를 감히 어떻게 벗어날 수 있었을까.

**A 씨가 직접 이야기하는
퍼포먼스 코칭 후기**

누구나 쉽게 실천하는 10분 인지행동 기법

인지 재구성

타인의 평가에 신경 쓰느라 진짜 자기 능력을 발휘하지 못하고 있다면 자기 안에 갇힌 부정적인 사고 패턴을 살펴볼 필요가 있다. 관계에서 오는 스트레스나 불안이 바로 그 사고에 기인할 때가 많기 때문이다. 이럴 때 유용한 방법이 바로 인지 재구성Cognitive Restructuring이다. 관계에서 남들 눈치를 보느라 스트레스를 많이 받는 편이라면 하루에 10분씩만 연습해 보자. 자기도 모르는 사이에 생각과 감정에서 자유로워질 수 있다.

인지 재구성은 부정적인 생각을 인식하고, 그것을 보다 현실적이고 합리적인 사고로 대체하는 과정이다. 이 기법은 각자가 떠올리는 부정적인 생각(자동사고)을 분석하도록 돕고, 그 생각이 얼마나 비합리적인지를 깨닫게 한다. 예를 들어 "동료들이 나를 무능력하게 생각할 거야"라는 생각이 들 때, 그 생각의 증거를 찾아보고, 현실적인 가능성을 따지고 평가해 보는 것이다. 이를 통해 부정적 추측이나 재앙화 오류 등으로 불안을 증폭시켰던 생각 패턴을 교정할 수 있다. 인지 재구성은 단순한 생각 변화가 아니라, 우리의 삶을 긍정적인 방향으로 이끌어가는 중요한 기법이다.

사례 2

스트레스와 압박감에서 해방되다

"발표를 망치면
무능력한 사람이 될 것 불안해요."
— 삼십 대 여성 B 씨, 회사원

시험, 면접, 발표, 그밖에 중요한 프로젝트나 평가 등등 인생에서 중요한 순간을 맞이할 때 우리는 가슴 깊이 자리한 압박감과 마주하게 된다. 그럴 때는 평소 쉽게 하던 일도 유독 어렵게 느껴진다. 아무리 준비하고 꼼꼼히 챙겨도 다가오는 불안감과 자기를 향한 의심은 사라지지 않는다. 자신에게 중요한 순간이라고 여기면 여길수록 긴장과 불안은 극대화되고, 생각지 못한 실수를 하거나 제대로 실력을 발휘하지 못하는 순간도 찾아온다.

이런 상황에서 가장 중요한 건 뭘까? 출중한 능력을 갖추는 것일까? 그렇다면 좋겠지만, 이는 현실적으로 쉽지 않다. 원래 가진 능력을 어떤 상황에서도 발휘할 수 있도록 내면의 힘을 기르는 게 효과적이다. 압박감에 흔들리지 않고, 오히려 그것을 동력 삼아 자기 실력을 마음껏 펼칠 방법을 찾는 것이다. 그 방법을 알아가는 과정에서 사람들은 자기 내면에 잠재된 진짜 힘을 새롭게 발견하고, 그것을 끌어내는 법도 익히게 된다.

이번 사례의 주인공인 B 씨는 7년 차 회사원이다. 일에 대한 열정과 노력은 꾸준히 인정받아 왔고 이제는 팀의 리더 역할을 기대받을 정도로 성장했다. 하지만 업무적 평가를 받아야 하는 상황, 이를테면 중요한 발표가 다가올 때마다 그 열정은 무거운 불안감으로 바뀌었다. 밤늦도록 몇 날 며칠을 준비해도 자기를 괴롭히는 불안, 압박감은 좀처럼 사라지지 않았고 오히려 신체적 떨림과 같은 증상만 추가되었다. 발표 당일에는 다른 사람과 시선이 마주치기만 해도 긴장이 되어 능력을 충분히 발휘하지 못하는 악순환에 시달렸다.

사실 B 씨의 이야기는 단지 누구 한 사람만의 경험이 아니라 많은 이들이 직면하는 문제이다. 과거 《나는 왜 남들 앞에만 서면 떨릴까?》라는 책을 쓸 때, 나는 발표 불안으로 고민하는 수많은 이들과 만났다. 이 문제를 극복하고 나아갈 길은 분명히 있다. B 씨는 마침내 그 길을 찾았고, 자신이 압박감

속에서도 흔들리지 않고 목표를 달성할 방법을 터득하게 되었다. B 씨가 어떻게 변화했는지, 어떤 과정으로 압박감 속에서도 자기 능력을 최대한 발휘할 수 있게 되었는지, 이번 사례를 살펴보자.

B 씨를 처음 만났을 때 그녀의 진지한 태도와 성실한 모습을 보면서 나는 내심 짐작했다. 업무 평가 같은 문제로 압박감을 느낄 수도 있겠구나 싶었는데, 아니나 다를까 그녀는 리더 위치에 가까이 갈수록 점점 자기에게 주어진 기대로 큰 스트레스를 받았다. B 씨가 가장 두려운 상황은 발표 한 번으로 평가를 받아야 할 때였다. 한순간의 실수로 지금껏 쌓아온 성과와 전문성이 손상될까 봐 두렵고 걱정됐기 때문이다.

이런 불안과 압박감을 해소하려면 자신을 괴롭히는 생각을 정확히 인식하는 게 무엇보다 중요하다. 그래서 퍼포먼스 코칭 목표를 세우기 전에 B 씨가 발표와 평가 자체를 어떻게 바라보고 있는지를 먼저 살폈다. B 씨가 안고 있는 불안감은 대체로 부정적인 미래를 예상하는 것에서 시작되었다. "내가 발표 때 실수하면 사람들은 내가 무능력한 사람이라고 볼 것이다"라는 생각이 대표적이었다. 이런 부정적인 예측은 실제로 발표 자리에서 불안감을 극대화하고, 결국은 예상했던 문제가 현실로 일어나는 악순환을 불러일으킨다.

나는 B 씨에게 뭔가를 보여줘야 한다는 부담을 내려놓고,

자신에게 집중해 보자고 제안했다. 떨림이 없는 상태로 완벽히 발표하는 것보다 발표 내용이나 자기만의 장점을 극대화하는 것이 더 중요하다는 점도 강조했다. B 씨는 발표 자료를 만들 때도 조급함이 앞서는 편이었는데, 나는 내 상황을 빗대어 설명했다. 정신과 의사인 내가 진료실에서 환자 마음을 더 잘 치료하려면 환자의 마음을 헤아리는 게 먼저인 것처럼, 발표도 마찬가지라고. 보기 좋고 멋진 프리젠테이션 자료를 준비하는 것보다, 본질인 발표 내용을 정확히 이해하는 게 우선순위가 되어야 한다고 말이다. 그래서 이번 코칭은 B 씨가 주변 상황이나 신체적인 불안 증세에 신경 쓰기보다 발표 내용, 자료 준비 과정에 온전히 집중하는 걸 목표로 세웠다. 자기 안에 갇힌 왜곡된 생각을 찾고 바꾸는 인지적 교정을 활용해 불안감을 낮추는 방법이었다.

압박감이 드는 상황에서 인지를 교정하는 방법은 매우 효과적이고 필수적이다. 조금 더 실용적인 기법을 추천하자면 '인지적 탈융합 기법'과 '비디오 피드백 기법'이다. 인지적 탈융합cognitive defusion은 수용전념치료(Acceptance and Commitment Therapy, ACT)에서 사용되는 기법으로, 자기 생각과 동일시하지 않고 생각을 단순한 '사고'로 인식하는 게 핵심이다. 이렇게 하면 불편한 생각이나 감정에 거리를 둘 수 있고, 그것들이 행동을 직접적으로 지배하지 않도록 교정할 수 있다. 생각과 감정에 압도되었다면 감정을 직접 써 보고 분석하는 방법도 효과적이다. 이 기법의 핵심은 '생각 안에서 보는 것'이 아니라 '생각 자체를 보도록 노력'하는 것이다. 불안을 일으키는 고정된 생각을 머릿속에서 분리하면 스스로 증폭시킨 감정을 마주할 수 있다.

  B 씨는 이 기법으로 자신의 불안과 마주했다. 그랬더니 자기가 느낀 불안감이 작은 덩어리처럼 보였다고 한다. 지금까지 자신이 상상 속 괴물을 키워왔다는 걸 발견했고, 이 침착한 과정을 겪은 후 더는 발버둥 칠 이유가 없다는 사실도 깨달았다. 이는 단순히 불안한 생각을 억누르고 지우는 것이 아닌, 합리적이지 않은 생각과 감정 증폭 과정을 떼어내는 효과적인 방법이다.

> **B 씨가 느낀 점 |** 퍼포먼스 코칭을 받은 후 나를 힘들게 만들었던 불편감을 객관적으로 분리해서 보는 연습을 할 수 있었다. 퇴근 후 집에서 영상으로 인지행동 강의를 듣고, 워크 시트지를 작성하면 피드백을 받을 수 있었다. 심장이 터질 듯한 가슴 두근거림은 자연스러운 신체 증상 중 하나인 '감각'이고, 타인의 부정적인 평가를 걱정하는 마음은 내 합리적이지 않은 '생각'일 뿐이라는 사실을 확인

하니 나를 짓누르던 커다란 불편감이 완전히 떼어낼 수는 없더라도 살아가는 데 꼭 필요한 작은 단추처럼 느껴졌다. 지금 바로 내가 발표해야 하는 상황이 생긴다면 여전히 두근거리고 긴장이 될 것이다. 하지만 이것은 자연스러운 감각이고 상대방의 평가는 내 상상일 수 있다고 생각하면 온몸을 짓누르는 압박감에서 어느 정도 해방되는 기분이 든다. 이후에는 발표 자료 준비에 더 에너지를 쏟을 수 있을 것이다. 내 인생에서 걱정과 불안으로 쓸모없이 허비되었을 귀중한 시간과 에너지를 잘 관리할 수 있게 된, 좋은 경험이었다.

또 하나 중요하게 작용한 기법이 비디오 피드백이다. 자기 행동이나 모습을 비디오로 녹화하고 이를 다시 보면서 자신을 관찰하고 분석하는 방식이다. 특히 발표 불안으로 나타나는 신체적 떨림을 객관적으로 인지할 수 있기에 자기 수정에도 효과적이다. 처음에는 B 씨도 자기 모습을 비디오로 촬영해 다시 들여다보는 과정을 두려워했다. 하지만 막상 촬영 영상을 보니 생각보다 괜찮았다고 한다. 자신이 느끼는 신체적 불안 증상이 그리 심각하지 않다는 사실을 눈으로 확인했기 때문이다. B 씨가 심각하다고 느꼈던 가슴 두근거림 증상은

다른 사람 눈에 보이지 않을 정도로 미미했고, 무엇보다 그런 증상들이 발표에 아무런 영향을 줄 수 없음을 깨달았다.

발표 불안이 있는 사람들 대부분이 비디오 피드백 기법을 제안하면 처음에는 큰 부담을 느낀다. 하지만 막상 촬영해 자기 모습을 바라보면 비슷한 반응을 보인다. "생각보다 괜찮네? 나쁘지 않네?" 자기가 발표하는 실제 모습은 상상과 다르기에 그 차이를 눈으로 직접 확인하면 생각의 전환이 쉬워진다.

B 씨가 느낀 점 | "발표 후 영상을 찍어서 확인해 보세요. 본인이 상상하는 모습과 다를 거예요." 윤동욱 원장님이 이렇게 말하며 처음 숙제를 내주셨을 때 정말 당황스럽고 불편하고 발표하는 내 모습이 상상되어 피하고만 싶었다. 영상을 찍고 미루고 미루다 3일 만에 용기를 내 영상을 들여다봤다. 처음 영상을 볼 때는 '목소리가 왜 저렇게 떨려?' '왜 저렇게 버벅거려?' 등 내 부정적인 모습만 눈에 띄었다. 하지만 "청중을 한번 보세요"라는 원장님 말에 주위를 둘러보니 사람들은 모두 발표 자료와 나에게 주의를 기울이고, 내 말을 이해하며 따라오고 있었다. 무엇보다 누구도 나를 '이상하게' 보지 않는다는 사실

을 확인했다. 그동안 워크 시트지에 작성하고 연습해 왔던 '내 생각이 틀리다는 증거'와 '생각 바꾸기'를 직접 눈으로 확인한 것이다. 발표를 준비하는 동안, 그리고 끝난 후에 생길 나에 대한 부정적인 평가는 '생각의 오류'라는 점도 체감이 되었다. 비디오 피드백 덕분에 막연하게 느꼈던 불안감과 걱정을 객관적인 시각으로 바라보게 되었고, 불안을 정면으로 마주하고 넘어설 용기를 얻었다.

B 씨는 먼저 인지적 교정을 시행한 뒤 실제처럼 발표 상황을 촬영했다. 그리고 비디오 피드백과 인지적 탈융합 기법을 거듭하며 조금씩 발표가 주는 압박감을 해소해 갔다. 이전에는 발표만 앞두면 막연히 '발표를 망치면 무능력한 사람이 될 것이다'라는 생각에 사로잡혀 정작 중요한 발표 준비는 미루면서 불안과 긴장감만 키웠는데, 이 코칭 과정을 통해 놓치고 있던 부분을 발견했다. 그러자 근거 없는 자신만의 생각을 멈출 수 있게 되었고, 오히려 자기가 잘할 수 있는 부분에 집중하기 시작했다.

가장 중요한 사실도 깨달았다. 발표 때 내가 보이는 작은 실수가 나의 평판, 가치를 무너뜨리는 거대한 요소가 아니라는 사실 말이다. 중요한 발표가 있던 날, B 씨 주변 사람들도 그가 편안하게 발표하는 모습을 보고 놀랐다고 한다. B 씨가 발표를 준비하는 동안 더는 괴로워하지 않게 된 것도 다행스러운 일이다.

그 어떤 무대도 마찬가지다. 발표가 아니라 일상생활에서 우리가 보이는 긴장감이나 사소한 실수는 타인이 나를 저평가할 요소가 될 수 없다. 그렇게 B 씨는 조금씩 긍정적인 에너지를 회복했다. 발표 불안에서 해방되자 업무 몰입 능력도 같이 높아져 이제 자기가 이룬 성과에 더 큰 만족감을 얻게 되었다.

B 씨가 직접 이야기하는
퍼포먼스 코칭 후기

누구나 쉽게 실천하는 10분 인지행동 기법
인지적 탈융합 & 비디오 피드백

인지적 탈융합, 비디오 피드백 기법은 생각보다 어렵지 않다. 인지적 탈융합은 머릿속에 떠오르는 생각을 글, 이미지, 소리 등의 요소로 분리하는 것부터 시작이다. 그러면 생각 자체를 강박적으로 파고들지 않아도 따로따로 떼어 바라볼 수 있다. 감정과 생각이 서로 뒤섞여 있을 때도 마찬가지다. 각자 분리해서 객관적으로 보는 연습을 해보는 것이다. 생각, 신체적 증상, 행동적 감정 등으로 분류하다 보면 이 나누는 작업만으로도 감정이 가라앉는다. 이 기법으로 우리는 부정적인 사고 패턴에서 조금은 더 수월하게 벗어날 수 있고, 더 긍정적이고 현실적인 시각을 얻게 된다.

비디오 피드백은 혼자서도 충분히 실천할 수 있다. 요즘은 누구나 손쉽게 스마트폰으로 촬영을 할 수 있으니 말이다. 촬영 후 내 모습을 다시 보는 과정 자체가 객관성을 부여한다. 특히 자기가 생각했던 발표 모습과 실제 발표 모습이 얼마나 다른지를 확인하면 그 순간부터 생각의 변화가 가속된다. 남들 앞에서 말하는 게 두려운 사람들은 이 과정으로 충분히 자신감을 되찾고 불안을 극복할 수 있다.

사례 3

진정한 휴식을 얻다

"답답하고 심장이 두근거려요.
이거 번아웃 신호인 것 같은데…"
— 저자의 이야기

현대인의 삶은 끝없는 일과 책임, 목표 등으로 가득 차 있다. 하지만 목표를 달성하겠다고 달리는 길에서 쓰러지거나 비틀거리는 이들도 자주 만나게 된다. 특히 번아웃으로 지쳐서 가족들 손에 이끌려 진료실을 찾는 환자들이 생각보다 많다. 꼭 진료실이 아니더라도 리더십 프로그램 강연자로 설 때면 번아웃의 위기를 경험한 CEO, 전문직 종사자, 그밖에 다양한 직장인들을 만나 그들의 사연을 들을 일이 많다. 그런 사람들을 마주할 때마다 나 역시 그 고통이 남의 일 같지는 않다. 나 또한 스스로를 한계로 몰아넣은 경험이 있기 때문이다.

주로 병원과 집만 오갈 것 같은 나 같은 사람도 언제나 바쁜 흐름 속에서 무언가를 이루고자 쉼 없이 달릴 때가 많았다. 수년간 거의 매일매일 진료와 인지행동 치료, 디지털 프로그램 개발, 논문과 책 쓰기 등 밥 먹는 시간도 아까울 정도로 달려왔다. 준비했던 목표를 달성하면 기쁨도 잠시, 바로 그다음 목표가 생겼고 그 과정에서 수많은 실패와 통제할 수 없는 변수들을 경험했다. 때로는 너무 지치고 포기하고 싶은 순간도 많았다. 그 과정에서 놀라운 성취를 이루기도 했지만, 어느 순간 가슴 두근거림, 답답함과 같은 증상이 때때로 찾아왔다. 점점 힘에 부친다는 생각이 들면서 '어? 지금 이거, 번아웃 조기 신호인가?' 싶었다. 강의 혹은 진료하는 사람들에게는 번아웃의 조기 신호를 잘 캐치하고 예방해야 한다고 수도 없이 강조했는데, 그 일이 나에게도 일어난 것이다.

이대로 가면 내가 하려는 일을 제대로 해내지 못하는 것은 물론, 주변 사람들과의 관계도 유지하기 힘들어질 거라는 사실을 누구보다 잘 알고 있었다. 내가 진단한 내 번아웃 단계는 신체적 피로와 더불어 마음의 피로가 심화한 상태였다. 아무리 쉬려고 해도 지친 마음은 여전히 제자리였고, 그래서인지 피로는 계속 쌓여만 갔다. 더 이상 이런 식으로는 안 되겠다 싶어서 나는 번아웃을 극복할 근본적인 방법을 찾기 시작했다. 휴식 관련 책들을 찾아 읽으며 제대로 쉬려고 노력했다.

첫 시도는 생활에 변화를 주는 것이었다. 수면시간 개선이 가장 먼저 필요했다. 평소 여섯 시간 이내로 자고 이른 새벽에 일어나 할 일을 하는 습관이 있었는데, 이 부분을 멈추고 수면시간을 확보했다. 애들을 재우고 늦은 밤에 일어나서 일하는 것도 좋은 방법은 아니었다. 다시 일을 시작하면 뇌가 활성화되어 새벽에 누웠을 때 빨리 잠들기 어려웠고, 아침에 일어나는 게 더 힘들어졌기 때문이다. 총 수면시간을 일곱 시간 정도로 늘리고 아침 운동을 시작했다. 하루 10분씩 자전거를 타면서 독서를 했고 이 루틴을 마치면 15분 정도 수영하는 시간을 가졌다.

긴장과 머릿속 노력이 없는 상태를 조금이나마 만들었더니 어느 정도 활력이 생겼다. 무기력이 조금 줄어들면서 잠시 회복되는 것처럼 보였다. 그런데 누적된 피로가 단번에 해소되지는 않았다. 일하는 패턴이 크게 변하지 않았기 때문인 듯했다. 작은 물방울이 끊임없이 떨어져 결국 돌을 뚫듯, 작은 스트레스들이 서서히 쌓여갔다. 멋진 여행지로 휴가를 다녀오면 나을까 기대했지만, 일을 멈추고 휴가를 다녀와도 다음 날 해야 할 일이 쌓일 거라는 압박감에 휴가를 가도 일을 하기 일쑤였다.

이런 내 모습을 스스로 바라보니 누구보다 열심히 일하며 휴식하는 시간조차 아까워하던 환자 C 씨가 떠올랐다. 자기 인생이 소중하지 않은 사람은 어디에도 없겠지만, 그는 특히나 가족과 회사를 위해 한눈 한 번 팔지 않는 성실한 사람이었다. 자기 업무에서도 괄목한 성과를 내야 했고 가족도 직접 챙겨야 만족했다. 경제적인 부분은 물론, 정서적인 부분까지 모두 챙겨야 하니 늘 여유가 없어 보였다. 당연하게도 자신을 챙기는 휴식이나 보상에는 인색했는데, 그토록 열심히 살면서도 종종 자책하곤 했다. 그런 C 씨에게 번아웃은 어쩌면 당연한 결과였다. 내가 C 씨에게 내린 처방은 '휴식'이었다. C 씨는 그때 일을 그만둘 수 없는 자기 상황을 자세히 설명했었는데, 지금 내 모습이 꼭 그와 같았다.

휴식은 성과를 높이는 데 필수적인 요소이다. 많은 이들이 휴식을 단순히 일을 멈추고 시간을 보내는 것이라 오해한다. C 씨뿐만 아니라 나 역시 그렇게 생각한 적이 있었다. 일을 줄여야 할까? 잠시 쉬고 한 달 살기라도 떠날까? 여러 가지 생각이 머릿속을 스쳤고, 이 과정조차 C 씨가 내게 털어놓던 푸념과 비슷했다. 하지만 진정한 휴식은 긴장과 노력이 전혀 없는 그야말로 '힘을 뺀 상태'를 의미한다는 걸 내가 번아웃을 지나가며 깨달았다. 일을 완전히 그만둬야만 쉴 수 있는 게 아니라 마음과 몸을 깊이 재충전하는 기술이 중요한 셈이다.

 사람들이 마음 편히 휴식을 취하지 못하는 가장 큰 이유는 자신 앞에 놓인 일과 성과를 걱정하는 마음 때문인데, 이는 사실 삶을 유지하려면 필수적인 요소이기도 하다. 그러니 일상과 일을 유지하면서 짧은 순간 적절한 휴식을 취하는 게 성과를 내기에는 가장 좋은 환경이다. 52분 동안 집중해서 일하고 17분 동안 쉬는 루틴을 따른 직원이 가장 성과가 좋았다고 발표한 연구 결과도 있다. 일과 휴식의 정확한 비율은 일에서 요구되는 바와 개인의 선호도에 따라 달라지겠지만, 큰 틀은 분명히 있다. 50~90분 정도 강도 높게 일하고 7~20분 휴식할 때 최고 성과를 내는 데 필요한 신체적·지적·감정적 에너지를 적절히 유지할 수 있다.

 우리는 때때로 몸이 쉬는 동안에도 마음이 끊임없이 일하고 있음을 느낀다. 그러니 피로는 풀리지 않고 오히려 더 깊은 무력감에 빠져든다. C 씨와 진료할 때 나는 그에게 30분 혹은 한 시간이라도 일을 향한 물리적인 연결고리를 끊어보라고 권했다. 업무 메신저를 보지 않도록 핸드폰도 끄게 했고, 그 순간만큼은 일 생각 없이 충분히 긴장을 풀어야 한다고 설명했다. 더불어 감정과 생각 등 걱정하는 마음에 압도되지 않도록 다양한 마음 챙김 기술을 알려줬다. 이제는 그 기술이 내게도 필요했다.

실제로 나는 하루에 10분씩 마음 챙김을 실천해 봤다. 마음 챙김은 현재 순간에 집중하고 필요 이상으로 분주해진 마음을 차분하게 가라앉히는 기법들이다. 명상, 요가와 같은 수련을 가장 먼저 떠올릴 텐데, 심호흡하고 눈을 감고 있는 것만으로도 충분히 마음 챙김을 실천할 수 있다. 이 과정을 반복 연습하다 보면 일상에서 무심코 넘겼던 작은 순간들에 다시 주목할 수 있게 된다. 물론 처음 이런 시간을 보낼 때는 그 순간이 막막하게 느껴지기도 한다. 그런데 다른 생각을 끊고 가만히 호흡을 가다듬으면 마음이 가라앉으면서 현재에 집중하는 느낌을 받을 수 있다. 회차를 거듭할수록 그 효과를 실감하게 된다.

나의 경우 일과 중에도 틈이 나면 잠시 멈추고 호흡에 집중하는 연습을 해보았다. 그러면 마음의 긴장이 어느 정도 풀려서 머릿속이 맑아졌다. 호흡에 집중하는 동안, 나는 현재에 집중하게 되었고, 그 순간만큼은 모든 걱정과 압박에서 벗어날 수 있었다. 열심히 일하면서도 틈틈이 휴식을 취하니 에너지가 소진되는 느낌이 현저히 줄었다. 마른 장작을 촘촘히 모으는 것보다 장작 사이에 공기가 흐르도록 쌓아야 불이 더 잘 붙는 것처럼, 우리 마음도 가끔 바람길이 필요한 모양이다.

마음 챙김의 핵심은 '지금'이라는 순간에 온전히 존재하는 것이다. 과거에 대한 후회, 미래를 향한 불안에서 벗어나 현재 느끼는 감각과 감정을 있는 그대로 받아들이는 것. 이 기법으로 '마음의 갈등에서 완벽히 벗어났다'라고 단언할 수는 없지만, 이 시간이 내 괴로움을 줄이는 데 효과적이었다는 건 명백한 사실이다.

마음 챙김이 아니더라도 휴식은 생각보다 가까운 곳에 있다. 최근 알게 된 지인의 취미가 캠핑인데, 어떻게 그렇게 쉬는 날마다 열심히 다닐 수 있는지 물었다. 그는 텐트 치고 망치질하고 고기 굽는 것, 심지어 장작에 불을 붙이는 모든 과정이 좋다고 했다. 이유는 아무 생각 없이 그 과정에 몰입할 수 있어서란다. 심리적으로 스트레스가 많은 일을 하는 그에게 캠핑은 자연 속에서 뇌를 리셋하는 완벽한 방법이었다. 우리에게 필요한 휴식도 비슷하다. 완벽한 휴식이 존재하는 게 아니라 최대한 나를 단순화할 방법을 찾아보면 그만이다.

내가 직접 경험한 휴식의 기술

누구나 쉽게 실천하는 10분 인지행동 기법

마음 챙김

피로가 풀리지 않고 늘 지친 느낌이 든다면 번아웃을 의심해 보자. 번아웃 징후와 단계를 살핀 뒤 현재 자신이 처한 상황이 명확해졌다면 하루 10분씩 마음 챙김을 실천하면서 마음을 가라앉히는 연습을 해보자. 복잡한 준비나 특별한 장소가 필요한 건 아니다. 지금에 집중하고 현재 감각에 마음을 여는 연습을 하는 것만으로 충분하다. 예를 들어 하루 중 잠시 시간을 내 숨을 깊이 들이마시고 내쉬며 호흡에 집중해 본다. 또는 차 한 잔을 마실 때 그 따뜻한 감촉과 향에 온전히 집중한다. 내가 직접 실천했던 하루 10분 마음 챙김 기법도 공유한다.

① 자리 정돈 및 준비 (1분)
앉은 자리에서 등을 곧게 펴고 어깨를 자연스럽게 내린 상태로 고쳐 앉는다. 긴장감, 스트레스가 쌓이면 자기도 모르게 등이 굽고 어깨가 굳어 올라간다. 이 상태를 풀어주는 과정이다. 눈은 살포시 감거나 다른 곳으로 잠시 시선을 돌린다. 업무 중이라면 잠시 쉼표를 찍는다고 생각하자.

② 호흡에 집중하기 (2분)

자세가 편안하게 유지되었다면 깊게 숨을 들이마시고 천천히 내쉬는 과정을 반복한다. 이때 내쉬는 숨이 더 중요하다. 이완에는 복식 호흡이 더 효과적이지만, 이 호흡이 힘들다면 그냥 편하게 숨을 쉬는 것도 도움이 된다.

③ 짧은 바디 스캔 (3분)

호흡이 안정되었다면 앉은 상태로 머리부터 발끝까지 몸의 각 부분이 주는 감각에 집중한다. 다리에 힘이 들어가 있지는 않은지, 어깨가 긴장되었는지 등 신체 감각에 주의를 기울인다.

④ 생각과 감정 관찰하기 (3분)

떠오르는 생각과 감정을 잠시 멈추고 그것들을 관찰한다. 판단하지 말고 꼬리에 꼬리를 무는 반추적 사고를 따라가서도 안 된다. 그대로 바라만 보자. 업무 중에 들었던 걱정이나 불안감이 떠오른다면 억지로 없애려 하지 말자. 있는 그대로 인정하면서 그 생각과 감정이 지나가도록 둔다. 남의 일인 듯 바라보기만 한다.

⑤ 마무리 (1분)

마지막으로 몇 번 호흡을 가다듬으며 마음을 정리한다. 천천히 눈을 뜨고 주변 환경에 집중한 뒤 다시 몰입할 준비를 한다.

퍼포먼스 감정 코칭
프로그램 후기

이십 대 남성 개발자

고민 IT 개발 업무가 천직이라 생각했고 그만큼 자신이 있었다. 그런데 큰 회사로 이직하면서 어려움이 생겼다. 조직 규모가 커지니 개발할 때 사람들과 협업이 필수였는데, 나는 그 부분이 힘들었다. 다른 사람들 기분이나 감정을 읽는 게 어려웠고, 일할 때는 그들이 뭘 원하는지 감을 잡을 수 없었다. 업무 외에 잠시 이야기를 나누어도 화제가 달라서 쉽지 않았다. 업무능력 평가를 받는 게 아니어도 관계 자체가 스트레스로 다가왔다.

코칭 이후 코칭을 받으며 생각과 감정을 명확히 이해하게 되었고, 나뿐만 아니라 다른 사람의 감정에도 관심을 갖게 되었다. 이전보다 관계가 편해졌고 협업도 원활해졌다. 감정의 힘을 이용한다는 말의 의미도 알 것 같다. 이제는 더 이상 다른 사람과 일하는 게 두렵지 않다.

오십 대 여성 CEO

고민 10년 넘게 몸 바쳐 일한 회사는 나날이 성장하고 있고 규모도 어느 정도 자리를 잡았다. 그런데 회사가 커지니 의사결정을 내려야 할 때 부담감이 커졌다. 회사에서 내 위치, 이전과 달라진 역할 등으로 직원들의 눈치를 보게 되고 더 잘해야 한다는 압박감이 강해졌지만, 그럴수록 나는 내 선택이 실패할까 봐 두려워졌다.

코칭 이후 이렇게 의기소침해진 내 모습을 다른 직원들이 알게 되면 회사에 실망하게 될 거고, 그들이 회사를 떠나면 다 실패라는 생각이 강했다. 코칭 프로그램으로 그 생각들이 독심술의 오류, 재앙화 오류였다는 사실을 깨달았다. 그동안 내가 생각 안에만 머물러 있느라 행동하지 못했다는 생각이 든다.

사십 대 여성 예술가

고민 워낙 꼼꼼한 성격이라 작업 속도가 느린 편이다. 그래서 협업할 때마다 주변 사람들에게 까다롭다는 평가를 듣는다. 일을 할수록 주변 시선과 마감일을 지나치게 신경 쓰게 되었다. 보통 마감을 앞두면 삼사일 꼬박 그림 작업에만 몰두하는데, 계속 실수가 생기고 그림은 완성하지 못했다. 이제는 그림 그리는 일이 즐겁지 않다.

코칭 이후 '이렇게 계속 작업물을 완성하지 못하는 나는 좋은 작가로 살아남지 못할 것이다'라는 생각에 두려움을 많이 느꼈다. 마감일이 다가오면 작업을 못 마쳐 전시를 망치는 상상도 자주 했다. 스스로 괴로워하는 마음이 사실은 타인을 너무 의식하는 완벽주의 때문이라는 걸 알게 되었다. 코칭 이후에는 좋지 않은 결과를 미리 예측하며 불안해하는 습관을 바꾸려고 노력하고 있고, 실제 일을 할 때도 더 잘 몰두할 수 있게 되었다.

오십 대 여성 교사

고민 교사로서 늘 인정받고 있고 나를 따르는 후배들도 늘 멋지다고 칭찬해 준다. 어느 순간부터 사람들 앞에 나가 대표 인사를 하고 발표도 해야 하는 포지션이 되었는데, 사람들 기대에 부응해야 한다고 생각하자 그 모든 순간이 스트레스로 다가왔다. 이제는 발표만 피할 수 있다면 삶이 행복할 것 같다는 생각까지 든다.

코칭 이후 교무실, 교사 연수, 워크숍 등 어느 자리에서든 대표로 말해야 하는 일이 많다 보니 '자신감 넘치고 멋지게 해야 한다'는 강박이 생겼다. 이러다가 내가 직장을 그만둘 수도 있겠다는 생각이 들 정도였다. 하지만 내 생각이 너무 감정적 추론과 당위 진술에 치우쳐 있었다는 사실을 알았고, 무엇보다 사람들이 유난히 나에게만 특별한 기대를 하지는 않는다는 사실을 객관적으로 받아들이게 되었다. 이제는 발표나 사람들 앞에 서는 일이 때때로 설레게 느껴진다.

삼십 대 남성 데이터 분석가

고민 사내 공황장애 커뮤니티 회장을 맡고 있을 정도로 오랫동안 직무스트레스에 시달려 왔다. 업무능력을 인정받아 큰 프로젝트를 도맡을 만큼 승승장구했지만, 공황 발작으로 지금은 감당할 수 있는 업무 위주로 조심스럽게 일하고 있다. 마음껏 일하지 못하는 게 나를 너무 침울하게 만든다.

코칭 이후 내가 제어할 수 없었던 공황이라는 덫에서 벗어난 기분이다. 공황과 불안을 증폭시키는 생각을 바꾸니 마음속에 자유가 찾아왔다. 일을 하다가 혹시 또 공황이 도질까 겁이 나 일을 멈추거나 컨디션을 과하게 신경 써야 하는 불편함도 사라졌다.

삼십 대 여성 프리랜서

고민 결혼과 동시에 회사를 그만두고 줄곧 프리랜서로 일했다. 나를 가장 힘들게 하는 부분은 남편과의 관계이다. 결혼 전 시댁의 반대, 시부모님과의 갈등, 무시당하던 느낌 등이 잊히지 않고 시댁 식구들을 만날 때마다 떠오른다. 이 부분의 영향 때문인지 시댁 식구들은 물론 남편과 좋은 관계를 유지하기 힘들고 일상생활에서도 우울감이 크다.

코칭 이후 감정이 우울하고 예민해지다 보니 외부의 작은 자극해도 민감하게 반응하곤 했었다. 그런데 코칭 후 남편과 전과 똑같은 문제로 다투어도 남편의 말을 확대해석하지 않게 되었다. 그래서 이전보다 화가 많이 줄었고 문제가 발생해도 정리, 해결이 조금 더 수월해진 느낌이다. 남편 또한 내 변화에 만족하고 있다.

삼십 대 여성 회사원

고민 어릴 적부터 반장이나 리더 자리는 나와 관계가 없다고 생각하며 자랐다. 그런데 지금 회사에 입사하고서는 승진도 비교적 빨랐고 그만큼 일로 인정도 많이 받았다. 승진 전에는 팀원들과 관계도 좋았는데, 팀장이 되면서 나도 모르게 주변 사람들에게 잔소리를 많이 하게 되었다. 점점 팀원들이 나를 피하는 느낌이 들었고, 그게 참 외로웠다. 업무 모니터링, 피드백은 꼭 해야 하는 일이지만, 사람들과 멀어지는 현실이 너무 스트레스다.

코칭 이후 팀원들과 관계로 느끼는 내 생각, 감정을 분석하니 나와 우리 팀이 더 정확히 보였다. 내가 미묘한 관계 갈등이나 감정에 너무 집착하고 있었던 것 같다. 관계에서 오는 감정 소모를 줄이니 이전처럼 팀원들도 나를 더 믿고 따라준다.

사십 대 남성 공무원

고민 기본적으로 익숙한 것을 좋아하고 변화가 심할 때 스트레스를 많이 받는 편이다. 승진이라는 급격한 변화를 겪으면서 공황이 찾아왔는데, 그 부분을 회피하려는 자신을 발견했다. 압박감 같은 내 힘든 감정을 인식하려 하지 않고 피하기만 하다 보니 상황이 더 힘들어져서 결국 휴직까지 하게 되었다.

코칭 이후 내가 잘못 생각하고 있었던 부분을 발견하고 바꿔 가는 과정이 감정 조절에도 영향을 미친다는 사실을 알게 된 것만으로도 만족스럽다. 공황을 겪다 보면 다양한 신체 증상이 나타날 때 당혹감을 느끼게 된다. 그런데 그 증상들이 왜 나타나는지 객관적인 이유를 알고 나니 자연스럽게 생각도 변화한 것 같다. 복직하고 다시 일의 즐거움을 느끼게 된 점도 다행스럽다.

삼십 대 여성 회사원

고민 내가 다니는 회사는 스타트업 기업이고 나는 창단 멤버 중 한 명이다. 원래도 적극적인 성격이라서 회사 업무가 잘 맞았다. 오래 일했고 애사심도 높다 보니 요즘은 같이 일하는 사람들과 갈등이 생겼다. 업무 중 불필요한 기 싸움을 하게 될 때가 종종 있는데, 그럴 때면 집중력이 떨어지고 오랫동안 분노를 품고 있는 내가 느껴진다.

코칭 이후 한쪽으로 치우친 생각과 감정으로 관계를 대하느라 내가 휘청거렸던 게 아닐까 싶다. 이전과 같은 상황에서도 다른 시각과 방향으로 적용하려 노력 중이다. 내가 느낀 분노와 스트레스 상황이 삶과 일에 영향을 줄 정도로 지대한 부분이 아니라는 점을 체감했다.

이십 대 남성 취업 준비생

고민 운전을 할 때 처음 공황 증상이 찾아왔다. 그래서 한동안은 대중교통마저 이용하기 힘들 정도로 가슴 두근거림, 어지러움, 호흡곤란 등 신체 증상에 시달렸다. 코칭을 받아보면 더 좋아질 거라는 생각은 들었지만, 여행이나 취업 준비 등 개인 일정으로 시간 내기 어려워서 미루기만 했는데, 늦게라도 받길 잘한 것 같다.

코칭 이후 공황을 겪기 이전과 많이 비슷해졌다. 지금은 공황이 마치 비염 정도로 느껴진다. 불편하긴 해도 큰 걱정은 아닌 상태. 취업 준비로 공부하러 다니는데, 이동할 때 공황 증상으로 두려움을 느낄 일이 줄어서 편하고 집중도 잘 되는 편이다.

심리적 방해물을 줄이고
최고의 성과를 내는 인지행동 훈련법

퍼포먼스 감정 코칭

초판 1쇄 발행 2024년 11월 30일

지은이   윤닥(윤동욱)
책임편집   박햇님
디자인   스튜디오 포비
마케팅   차정희 이하늘 김수아

펴낸곳   와이디퍼포먼스
등록   2023년 7월 17일 제333-2023-000022호
주소   부산광역시 해운대구 해운대로 407 신세계프라자 303호
전화   051-747-8005
팩스   051-747-8048
전자우편   ydlabnbook@naver.com

ⓒ 윤닥
ISBN 979-11-984015-1-9 (03320)

- 이 책 내용의 전부 또는 일부를 재사용하려면 반드시 저작권자와 와이디퍼포먼스 양측의 동의를 받아야 합니다.
- 잘못된 책은 구입한 곳에서 바꾸어 드립니다.
- 책값은 뒤표지에 있습니다.